La France au Moyen Age

QUE SAIS-JE ?

La France
au Moyen Age

ANDRÉ CHÉDEVILLE

Professeur à l'Université de Rennes-Haute-Bretagne

Septième édition

54ᵉ mille

ISBN 2 13 041468 0

Dépôt légal : 1re édition : 1965
7e édition : 1988, avril

© Presses Universitaires de France, 1965
108, boulevard Saint-Germain, 75006 Paris

INTRODUCTION

Lorsque l'Empire romain disparaît à la fin de l'Antiquité, la Gaule a déjà connu une longue histoire. Au vieux fond préhistorique et proto-historique, dont on mesure mieux maintenant l'importance, s'est ajoutée pendant près de cinq cents ans l'empreinte indélébile de la civilisation gréco-latine. Notre pays a eu alors le premier visage que nous lui connaissions. Mais il ne faudra pas moins de cinq siècles pour que la Gaule prenne un nouveau nom, la France, et encore près d'un demi-millénaire pour que ce nom devienne une réalité cohérente.

Il serait vain de vouloir retracer dans cet ouvrage toute l'histoire de ce millénaire. D'autant plus que, de nos jours, la curiosité de l'historien est sans limites : à ses yeux, toutes les activités humaines ont leur prix. Nous avons d'abord voulu détruire certaines conceptions schématiques du Moyen Age. Pour le public, celui-ci se résume trop souvent à l'époque des Croisades et des cathédrales, époque précédée par quelques siècles de barbarie et suivie par les désastres de la guerre de Cent ans. En fait, l'histoire est à l'image de l'homme, son auteur : chaque période a ses grandeurs et ses misères ; elle porte l'empreinte de son passé et annonce déjà l'avenir. Au risque de morceler l'exposé, nous avons tenté de montrer ce devenir perpétuel dont si peu de générations nous séparent.

Variété infinie des périodes, diversité aussi des provinces. Au-delà des grands traits de l'évolution générale, chaque région a connu des situations particulières, elle y a réagi en fonction des conditions locales. Pour mieux faire ressortir cette variété, au mépris des frontières médiévales, nous avons choisi des exemples dans toutes les provinces, même celles qui n'ont été françaises qu'à la fin du Moyen Age ou même plus tard, telles la Bretagne, la Provence, la Lorraine ou l'Alsace, sans négliger pourtant la Flandre, dont une grande partie n'est plus nôtre.

Puisse ce petit ouvrage inciter le lecteur à vouloir ensuite en savoir plus sur une époque précise ou une région donnée.

Chapitre Premier

LA GAULE DEVIENT LA FRANCE
(V^e-Xe siècles)

I. — La Gaule au lendemain des grandes invasions

Depuis la grande invasion de 275 jusqu'à l'installation de la dynastie mérovingienne, la Gaule est parcourue par des peuples barbares innombrables. L'organisation gallo-romaine, mettant à profit les accalmies entre les raids, survit tant bien que mal jusqu'au début du Ve siècle. Mais l'on peut dire qu'entre l'invasion généralisée de 406 et le règne de Clovis, notre pays est plongé dans une anarchie de laquelle sort peu à peu un monde nouveau. Est-ce vraiment un monde nouveau ? Quelle a été l'ampleur du rôle des envahisseurs ? Nous entrons là dans la fameuse querelle entre « Germanistes », tenants de la régénération du monde romain décadent par les Barbares, et « Romanistes » pour qui les invasions n'ont rien apporté de nouveau — si ce n'est la ruine — à un Occident trop profondément romanisé. Il est difficile de trancher un tel problème, dont les solutions varient beaucoup selon les régions.

1. **Ampleur de la pénétration barbare.** — Il est certain que les envahisseurs ont accumulé les ruines, donnant ainsi aux mots « barbare » ou « vandale » le sens qu'on leur connaît aujourd'hui. La plupart des centres de domaines ou *villae* exhumés par les

fouilles offrent des traces d'incendie ou de destruction brutale ; maint trésor enterré à la hâte n'a jamais été récupéré par son propriétaire, tué ou enfui pour toujours. Dans l'espoir d'échapper à la ruine, les villes, qui jusqu'alors s'étendaient largement, se contentent dès le IVe siècle, d'un périmètre réduit plus facile à défendre : Paris se réfugie dans l'île de la Cité, Nîmes s'enferme dans son amphithéâtre fortifié à la hâte. Ailleurs, pour édifier plus vite une muraille, on abat les monuments, dont les débris jetés pêle-mêle servent de fondations : c'est le cas à Rennes, au Mans, à Meaux.

Mais il ne faut pas exagérer l'ampleur des ravages ; méfions-nous des témoignages littéraires : tous ont été écrits par les vaincus, ils sont forcément partiaux. En fait, les Barbares n'étaient guère nombreux : on sait par exemple que les Vandales n'étaient que 80 000 quand ils quittèrent l'Espagne pour aller conquérir l'Afrique du Nord. Parmi les peuples qui parcoururent la Gaule, beaucoup n'ont laissé de traces que dans la toponymie, les Alains d'origine iranienne à Allaines (E.-et-L.), les Vandales ou les Taifales à Gandalou (Tarn-et-Garonne) et à Tiffauges (Vendée).

Au Ve siècle, seuls cinq peuples s'installent solidement en Gaule. Les Wisigoths dominent entre la Loire et le Rhône et, au-delà, sur la Provence avant de s'emparer aussi de l'Espagne. Les Burgondes s'étendent au sud et à l'est de ce qui sera plus tard la Bourgogne. Les Alamans ne dépassent pas vers le sud l'Alsace actuelle. Les Francs saliens et « ripuaires » s'avancent depuis le nord entre la mer et la région de Cologne. La péninsule armoricaine est progressivement envahie par des populations celtiques venues des régions occidentales de la Grande-Bretagne. Seul, un semblant d'Etat gallo-romain survit en Ile-de-France. Il est vain de vouloir fixer des limites précises aux domaines des nouveaux venus, il est aussi vain de vouloir estimer leur nombre. On peut dire seulement que leur implantation est de plus en plus dense vers le nord. Dans le Centre et le Sud des régions entières leur ont échappé, telle la Basse-Auvergne.

Tous, d'ailleurs, ne sont pas de véritables « barbares ». Souvent, leurs princes ont été élevés comme otages à la cour des derniers empereurs romains ; parfois, leur peuple, avant de venir en Gaule, a fait un séjour plus ou moins prolongé dans l'Empire comme les Wisigoths qui, en 410, avaient pris Rome. A l'exception des Francs demeurés païens, tous sont chrétiens, hérétiques, il est vrai, puisqu'ils professent l'arianisme condamné au concile de Nicée de 325.

Inversement, ils n'ont pas affaire qu'à de véritables Gallo-Romains. Il y avait longtemps qu'on introduisait en Gaule des Barbares, d'abord comme esclaves puis par tribus entières sous le nom de « fédérés », de plus en plus nombreuses au fur et à mesure que leur pression s'accentuait sur les frontières de l'Empire.

2. **L'apport des Barbares.** — En Flandre, en Rhénanie, en Alsace et en Bretagne, les envahisseurs ont fait triompher leur langue. Ailleurs, ils disposent certes du pouvoir politique mais leur faible nombre ne leur permet pas d'en imposer davantage. Leurs institutions politiques se résument à une monarchie appuyée sur la force militaire. L'organisation judiciaire se limite à la tarification soigneuse des crimes et délits ; tant de sous pour un meurtre, tant pour telle ou telle blessure : c'est le fameux *wehrgeld*. Mais les Germains ne cherchent pas à l'imposer : on juge le Franc salien selon la loi salique, le Romain d'après le droit romain. C'est ce que l'on appelle le régime de la « personnalité des lois ». Sauf les Wisigoths, ils n'ont pas cherché non plus à imposer leurs croyances.

Dans le domaine économique, ils n'ont pas seulement détruit. Au contact des peuples des steppes, ils ont appris des techniques nouvelles : on leur doit le fer à cheval, la selle à pommeau et les étriers. Ils disposent d'une métallurgie savante pour laquelle l'élaboration de l'acier et sa soudure n'ont plus de secrets. Leur art, stylisé, permet à des thèmes nouveaux de s'implanter.

Il est possible aussi qu'à l'agriculture céréalière de type méditerranéen prônée par Rome, ils aient peu à peu substitué des méthodes agraires plus extensives qui faisaient une part plus large à l'élevage, reliquat du nomadisme. Il est plus certain qu'en supprimant le *limes*, cette frontière fortifiée qui se voulait hermétique entre la Barbarie et le monde romain, ils ont permis l'ouverture de routes commerciales nouvelles vers le Nord ou vers l'Orient par le Danube.

3. Que deviennent les Gallo-Romains ? — La population d'origine gallo-romaine demeure très largement majoritaire et ses modes de vie demeurent ceux des siècles passés. Mais, au Vᵉ siècle, la civilisation connaît un déclin incontestable dont on discute seulement du degré d'ampleur.

La population est presque exclusivement rurale. Les grosses exploitations ou *villae*, dont le nombre s'accroît, comptent encore de très nombreux esclaves à côté d'hommes libres en droit mais non en fait puisque ces « colons » ne peuvent quitter la terre qu'ils cultivent. Surtout au sud de la Loire, leurs maîtres n'ont pas changé : les Barbares ne se sont emparés que des terres publiques, ou à défaut, du tiers, au plus des deux tiers des biens des riches Gallo-Romains. Ceux-ci, pour la plupart, s'empressent de collaborer avec les vainqueurs.

Chaque domaine vit en économie fermée, produisant juste ce qui est nécessaire dans la crainte d'attirer sur lui la cupidité d'envahisseurs mal lotis. Les villes ont beaucoup souffert ; les rois ne les fréquentent que pour les cérémonies officielles ; depuis longtemps le commerce et l'artisanat y sont en déclin à cause des excès de la fiscalité de l'Empire agonisant, de l'insécurité croissante et de la raréfaction du numéraire. La noblesse gallo-romaine, fuyant ces camps retranchés sans confort et sans vie, se retire dans ses résidences rurales dont le plan et la décoration demeurent dans la tradition antique.

Elle amène alors avec elle dans les campagnes le christianisme jusqu'alors religion urbaine. L'évêque seul demeure à la ville ; grâce à lui, l'Eglise apparaît comme l'unique force organisée qui survive aux invasions. Elle en a pourtant souffert : à l'appel du concile de 511, seuls répondent au nord de la Loire les évêques d'Amiens, Noyon, Senlis, Soissons et Rennes. Plus au sud, ses forces sont plus grandes ou mieux conservées ; elle prend la tête de la résistance aux occupants wisigoths qui sont hérétiques. Contre eux, elle favorise la progression des Francs demeurés païens qu'elle peut espérer convertir : ce sera la chance de Clovis.

II. — Les Mérovingiens

1. La naissance du « regnum Francorum ». —
Descendant de Mérovée, Clovis, obligé de compter
avec ses guerriers comme le montre l'épisode du
vase de Soissons, n'était qu'un chef de tribu parmi
d'autres. Lorsqu'il est élevé sur le pavois, ses Francs
saliens sont groupés dans la région de Tournai.
L'audace, la ruse et l'absence de scrupules lui permettent de s'imposer aux autres Saliens, aux Alamans, enfin, aux Francs « ripuaires ». L'intelligence
le rend seul maître de la Gaule : influencé par sa
femme Clotilde, Burgonde catholique, il accepte
de recevoir le baptême à Reims à Noël 498 ou 499 ;
ses guerriers l'imitent. Face à l'arianisme des autres
Barbares, il apparaît comme le champion du catho-
licisme : les évêques, vrais chefs des cités, lui
apportent l'appui des Gallo-Romains. Il peut alors
vaincre les Wisigoths à Vouillé, près de Poitiers,
puis les refouler vers les Pyrénées.

Lorsque Clovis meurt à Paris en 511, il a, en
25 ans de règne, créé une puissance nouvelle qui
s'étend des Pyrénées à la Thuringe. Ce royaume
juxtapose deux sortes de régions. D'une part des
régions fortement romanisées qui vont s'appeler la
Neustrie axée sur la Seine, la Bourgogne à l'est de
la Saône et du Rhône, enfin, au sud de la Loire,
l'Aquitaine qui supporte mal la domination franque.
D'autre part, en deçà et au-delà du Rhin, des zones
qui ne connaissent guère que la barbarie germanique : ce sera l'Austrasie, berceau des Carolingiens.
C'est dans ce cadre que naît progressivement une
civilisation originale où collaborent les influences
germaniques, romaines et chrétiennes.

2. Des institutions à tonalité germanique. — Le
souverain mérovingien est un chef de guerre qui

lutte pour se constituer un domaine. Son royaume est sa propriété personnelle. Les Germains ont le sens de la famille, non celui de l'Etat : en 511, Clovis partage son royaume entre ses quatre fils. Il en va de même pour les autres successions.

Il n'y a pas de règle successorale précise et chacun envie la part du voisin. D'où des haines farouches et des règlements de comptes sanglants ; la rivalité de Frédégonde et de Brunehaut n'est que la plus célèbre d'une longue série. Souvent, l'héritier de l'Austrasie où les qualités militaires traditionnelles se conservent le mieux s'efforce d'imposer sa loi aux autres, il y parvient parfois momentanément, il accroît ainsi la part de l'influence germanique.

Chef de guerre, le roi mérovingien conçoit son autorité d'une façon rudimentaire sous la forme du « ban » : tous les hommes libres, romains ou barbares, doivent en principe le suivre à l'armée (service d'armes) et l'assister lors des assemblées judiciaires (service de plaid). Le pouvoir royal a un caractère personnel : les hommes libres lui prêtent un serment de fidélité ; en échange, il les assure de sa protection en les conduisant à la victoire, en faisant régner la paix à l'intérieur du royaume et en faisant exécuter les sentences des assemblées judiciaires.

Le souverain se contente de jouir de sa puissance, la notion de bien commun lui est étrangère. Ses ressources, il les tire de quelques grands domaines groupés entre Loire et Rhin ; c'est pour les consommer que sa cour est nomade de *villa* en *villa*. Il lui est plus difficile d'obtenir du numéraire car les coutumes germaniques ignorent l'impôt direct ; il multiplie alors les taxes sur la circulation, les tonlieux, faciles à lever mais qui n'encouragent pas la vie économique.

Les organes de gouvernement sont très simples. Ils se limitent en fait à quelques officiers domestiques : échansons, sénéchaux, maréchaux, référendaires (gardes du sceau royal). Parmi eux, le maire du palais prend bientôt une place prépondérante. D'abord simple intendant, il sait profiter des minorités royales et de la montée de l'aristocratie dont il se considère comme le chef, pour peu à peu substituer sa propre volonté à celle de son maître dès la seconde moitié du VIIe siècle.

A l'échelon régional, l'unité administrative demeure la cité dirigée par un comte ; le mot *comes* est d'origine romaine mais la chose n'était pas inconnue des Barbares. Nommé par le roi, révocable par lui, le comte possède tous les pouvoirs. Ceux-ci toutefois s'arrêtent à la porte de grands domaines ecclésiastiques qui déjà obtiennent du roi un privilège d'immunité d'abord fiscale puis judiciaire. En outre, le comte a un rival de poids dans sa circonscription : l'évêque.

Le royaume était trop vaste, la notion d'Etat trop obscurcie et l'administration trop rudimentaire pour que les rois puissent seuls imposer à tous une autorité qui à l'origine se limitait à la tribu. Ils doivent rechercher l'appui de l'aristocratie en la faisant participer aux profits du pouvoir. Ils distribuent donc des domaines à des hommes sûrs en échange d'un serment spécial de fidélité. Ces « antrustions » ou *leudes* ainsi dotés deviennent gardes du corps des rois, comtes ou même évêques puisque les souverains interviennent dans la désignation de ces derniers à Clermont dès 515 et partout après l'édit de Clotaire II en 614. On assiste alors à l'installation d'une noblesse de fait, non de droit, qui réussit très vite la fusion entre les descendants des chefs francs et ceux des sénateurs gallo-romains. Cette aristocratie considérée comme un moyen de gouvernement ne va pas tarder à tempérer le pouvoir du roi en attendant de l'annihiler.

3. Des structures économiques héritées de l'Antiquité. — Exception faite de l'Austrasie qui en majeure partie sera bientôt en dehors de l'histoire de la France, le royaume mérovingien s'efforce de vivre comme aux siècles précédents.

Si, peu à peu, le costume court des Germains devient à la mode au lieu des longues draperies antiques, si les noms d'homme germaniques sont d'un usage universel, la langue à part quelques emprunts ne se germanise guère. Elle s'éloigne pourtant lentement du latin, l'évolution de la syntaxe et de l'orthographe se fait d'autant plus librement que les écrits sont très rares.

La vie économique n'a pas encore trouvé des routes ou des cadres nouveaux : son déclin est incontestable. L'achat des produits de luxe orientaux se poursuit ainsi qu'en témoignent les tissus perses ou byzantins retrouvés autour du corps de saint Rémi à Reims ou de celui de saint Victor à Sens. Clotaire III, au milieu du VIIᵉ siècle, autorise l'abbaye de Corbie à percevoir chaque année à son tonlieu de Fos, à l'embouchure du Rhône, des parfums et des épices. Le commerce à grande distance est aux mains de *Syri*, juifs ou chrétiens d'Orient assez influents pour que l'un de ces derniers ait pu devenir évêque de Paris à la fin du VIᵉ siècle. On les trouve partout où l'on peut faire des affaires, même en Armorique où toute romanisation a disparu : c'est à eux que l'on attribue l'implantation du culte des « Sept Saints Dormants d'Ephèse » dans la région de Lannion (C.-du-N.). Mais cette activité s'étouffe, la Gaule vend peu et achète des produits coûteux : le numéraire se raréfie ; la monnaie que l'on frappe souvent encore à l'effigie des empereurs se déprécie. Le peu d'or qui subsiste est thésaurisé sous forme de bijoux.

La léthargie de la vie urbaine s'accentue. D'anciennes métropoles de cités comme Vieux en Normandie, Jublains en Mayenne, Javols en Lozère, ou des carrefours importants comme Bavai (Nord) disparaissent. Ce déclin est surtout sensible dans le Nord de la Gaule ; les centres du Midi gardent encore quelque activité : à Cahors, l'évêque Didier entreprend même la construction ou la réparation d'un aqueduc important. Dans les campagnes, des bourgades ou *vici*, peuplées de paysans libres et indépendants, s'opposent aux grands domaines. Ces derniers sont de plus en plus nombreux car la crainte amène les petits propriétaires à confier leurs terres aux puissants laïques et la piété les incite à en faire don aux abbés ou aux évêques.

Une partie du grand domaine ou « réserve » est cultivée pour le compte du maître par des esclaves, des journaliers, peut-être déjà par les corvées fournies par les colons qui exploitent le reste du domaine sous forme de tenures. Chaque domaine a ses propres ateliers qui fournissent les tissus et les objets indispensables. On ne sait trop si la métallurgie était exercée au sein de ces domaines ou dans des ateliers plus importants. En tout cas, la qualité de la production est la grande réussite de l'économie mérovingienne. Les épées, les célèbres franciques, les plaques-boucles de ceinturons sont travaillées avec une rare maîtrise ; le métal est étiré, damassé, trempé, soudé. C'était là sans doute le principal article d'exportation.

4. Le déclin des arts et des lettres. — La rudesse des mœurs, l'étouffement de la vie urbaine, la paralysie de l'économie ne forment pas un milieu propice à l'épanouissement d'une culture.

Les souverains, tels qu'on nous les décrit : impulsifs, cruels, débauchés, ne font preuve d'aucune curiosité intellectuelle. Le modèle demeure certes l'antiquité classique ; les souverains, pourtant d'origine germanique, se veulent héritiers des compagnons d'Enée ; Chilpéric, à la façon des empereurs, fait donner des courses et des combats dans les cirques de Paris et de Soissons. Mais l'on n'écrit plus guère ou l'on écrit mal. Les récits de Grégoire de Tours forment un tissu d'anecdotes dépourvu de toute perspective, les chroniques portant le nom de Frédégaire sont pires encore. Les Vies de saints qui connaissent un grand succès célèbrent à l'envi les mêmes vertus, les mêmes miracles. Des foyers de culture subsistent toutefois dans le sud de la Gaule à Bourges, Arles, Cahors, Vienne, mais à Vienne justement, l'évêque Didier, vers 600, est obligé d'enseigner lui-même les belles-lettres, faute d'autres professeurs.

Il ne nous reste pas grand-chose des monuments élevés alors par les architectes. Ceux-ci semblent n'avoir réalisé que de petits édifices dans lesquels ils se sont efforcés de reprendre les recettes de leurs prédécesseurs gallo-romains. Quant aux arts plastiques traditionnels, ils connaissent eux aussi la décadence. La « crypte » de Jouarre est presque intacte : la facture de ses chapiteaux ne manque pas d'élégance, dans le sud de l'Aquitaine les bas-reliefs des sarcophages ont de l'allure et dans le Nord certains tombeaux offrent un décor stylisé d'une belle venue (Saint-Dizier-l'Evêque près de Belfort). Mais les piètres gravures de l'hypogée des Dunes à Poitiers montrent où en arrive la reproduction de la figure humaine quand on ne se contente pas de copier l'antique.

C'est l'orfèvrerie qui sauve l'honneur de l'art mérovingien. On a recueilli dans les tombes d'innombrables plaques-boucles, des plaques pectorales, des anneaux sigillaires, surtout de grandes épingles appelées fibules. Leurs thèmes géométriques ou animaliers stylisés ont été empruntés aux peuples des steppes, on les retrouve dans l'inventaire des tombes de la Russie méridionale. Mais chez nous, ils sont traités avec beaucoup de bonheur. Les formes variées tendent vers une stylisation extrême d'allure très moderne. La décoration réside tantôt dans une orfèvrerie cloisonnée qui met en valeur la couleur des pierres serties, tantôt dans une damasquinure qui oppose les reflets de métaux différents. On fabriqua aussi des châsses pour abriter des reliques, elles n'ont pas survécu aux aléas de l'histoire ou aux vicissitudes de l'économie, mais qui ne connaît un de leurs artisans les plus célèbres, saint Eloi ?

5. L'Eglise et son rôle. — L'expansion du christianisme et le rôle grandissant joué par l'Eglise dans la société forment ensemble le fait essentiel de l'époque mérovingienne.

L'évangélisation des campagnes s'accélère, paysan (*paganus*) n'est plus synonyme de païen. Aux premières églises publiques fondées dans les *vici* par saint Martin et ses successeurs, s'ajoutent les oratoires élevés par les grands sur leurs domaines. Ces nouveaux sanctuaires donnent une forme religieuse à la communauté rurale qui devient la paroisse. Dans le diocèse de Bourges, le nombre des églises passe d'une quarantaine à près de deux cents au cours du VIIIᵉ siècle. Les progrès ne vont pas partout du même pas : aux confins de la Bretagne, les paroisses ne seront pas constituées avant le IXᵉ siècle. Il faut aussi venir à bout des pratiques idolâtres et des superstitions : entre 511 et 614, les trente conciles qui sont tenus en Gaule tentent d'y mettre fin.

L'institution épiscopale demeure la pièce maîtresse de l'Eglise mérovingienne. L'évêque, longtemps d'origine gallo-romaine, est un personnage puissant : il est le seul qui ait une certaine culture, ses domaines font souvent de lui le premier propriétaire du diocèse, il est fort enfin de l'appui de ses ouailles. En raison des communications difficiles, il n'a guère de contacts avec Rome ; l'Eglise mérovingienne apparaît comme une Eglise nationale.

Caractère encore accru par le fait que le souverain désigne lui-même les évêques. On pourrait penser que son choix fut détestable. Certes, il y eut des évêques indignes, des médiocres aussi, mais dans l'ensemble, compte tenu de la force du climat païen qui imprègne l'époque, ce furent des personnalités honorables. Ce n'étaient pas des théologiens brillants — l'absence d'hérésies suffit à le prouver — mais ils ont fait ce qu'ils ont pu pour atténuer la brutalité des mœurs ou la misère des temps.

L'époque est marquée aussi par l'essor du monachisme. Les monastères suivent différentes règles. Dans le Sud, la plus répandue est celle de saint Césaire d'Arles. Dans le Nord, l'Irlandais saint Colomban impose la règle dont il est l'auteur aux abbayes qu'il fonde à Luxeuil vers 590, puis à Jouarre, Remiremont, Faremoutiers. Ce ne sont pas encore des centres de culture actifs ; on s'y livre plus à des mortifications rigoureuses qu'à l'étude ou même à l'activité missionnaire.

Malgré ses défauts, en dépit de ses insuffisances, il faut bien reconnaître que l'Eglise a sauvé alors son temps de la barbarie et la culture d'une totale disparition.

6. La fin des Mérovingiens. — Dagobert, de 632 à 639, avait restauré l'unité du royaume bien que la Neustrie, l'Austrasie et la Bourgogne eussent chacune leur « palais » distinct. A sa mort, la Neustrie et la Bourgogne entrent dans une décadence rapide.

Les rois, qui montent très jeunes sur le trône — 16 d'entre eux ont moins de 15 ans à leur avènement — sont vite épuisés par les excès et les chevauchées d'un bout à l'autre de leur royaume. Pour s'attacher une aristocratie toujours plus exigeante, ils doivent lui céder les domaines qui leur restent, ce qui réduit encore leurs ressources. Ils distribuent alors les évêchés aux plus offrants. L'Eglise en subit une grave crise, les conciles de plus en plus rares disparaissent après 680, les listes épiscopales sont interrompues pendant de nombreuses années, c'est le cas à Lyon de 712 à 769. L'économie, paralysée par les luttes continuelles, frappée aussi sans doute par le contrecoup immédiat des conquêtes arabes dans le bassin méditerranéen, se contracte encore : la chancellerie mérovingienne renonce au papyrus qui lui venait d'Egypte ; elle le remplace par le parchemin...

On assiste en même temps à la montée de l'aristocratie austrasienne et de son chef, le maire du palais austrasien, choisi traditionnellement en Austrasie à partir de Dagobert dans la famille de Pépin l'Ancien, d'où le nom de famille des Pippinides. La lutte entre Neustriens et Austrasiens dure, furieuse, jusqu'en 687 : Pépin d'Héristal refait par la victoire de Tertry l'unité du royaume franc. Un seul roi, fantoche impuissant, est reconnu par tous mais la réalité du pouvoir passe au maire du palais austrasien, représenté par un comparse au palais neustrien qui subsiste. Le souverain, qui n'a plus rien à faire, devient malgré lui un « roi fainéant » ridiculisé par la légende. Pépin n'impose pas son pouvoir sans mal, son fils bâtard Charles, surnommé plus tard Martel, doit combattre de longues années pour devenir le maître incontesté des Francs ; il n'apparaît pas comme l'élu de Dieu. Les Musulmans vont lui en donner l'occasion. Ces derniers après avoir conquis l'Espagne de 711 à 713 ne semblent pas s'arrêter en deçà des Pyrénées : en 721, une de leurs bandes est battue mais en 725 ils s'emparent de Carcassonne et un raid heureux les mène jusqu'à Autun. En 732, une expédition plus importante paraît viser Tours et l'illustre tombeau de saint Martin. Elle n'y parvient pas : Charles Martel l'écrase à la tête de la lourde cavalerie franque au nord de Poitiers. Du même coup, l'Aquitaine, qui depuis Dagobert menait une vie autonome, va retomber sous la domination des gens du Nord malgré une série de révoltes brutalement réprimées.

La victoire de Poitiers a un énorme retentissement : c'est le premier échec grave de l'Islam en Occident. Elle montre aussi que la cavalerie lourde est la reine des batailles.

Peu nombreuse, elle est en revanche fort coûteuse. Charles Martel, devant le déclin de l'économie monétaire, ne peut fournir une solde à ses guerriers ; il doit leur assurer des terres. Après deux siècles de largesses, il n'y a plus guère de terres publiques, quant aux propres domaines du maire du palais, ils sont concentrés en Austrasie ; il ne tient d'ailleurs pas à renouveler l'erreur des Mérovingiens en les aliénant Il puise donc dans le patrimoine ecclésiastique, accordant à ses fidèles les terres monastiques ou épiscopales. L'Eglise ne lui pardonne pas ces spoliations ; lorsque le roi Thierry III meurt en 737, Charles Martel ne lui donne pas de successeur mais n'ose pas non plus monter sur le trône. A sa mort, en 741, il partage le royaume entre ses deux fils, tout comme les Mérovingiens.

Avec Charles Martel, c'est la partie orientale du royaume qui l'emporte, l'influence germanique qui triomphe. La victoire de l'Austrasie ne s'explique pas seulement par la valeur de ses chefs. Dans ces régions toujours menacées par les Germains encore païens ou par les Slaves, l'aristocratie est accoutumée à obéir à ses chefs. D'autre part, alors que les richesses foncières des Mérovingiens ont fondu faute de renouvellement, les propriétés des Pippinides s'étendent à la suite de dures campagnes contre les Frisons au nord, les Alamans et les Bavarois à l'est.

L'Austrasie connaît également un essor économique et culturel qui contraste avec la décadence du reste du royaume. On a quelques preuves de l'éveil du commerce, notamment dans la mer du Nord bordée d'une série de comptoirs dont le plus méridional, Quentovic, à l'embouchure de la Canche, connaît une activité certaine. Déjà, les marchands frisons viennent vendre leurs draps à la foire de Saint-Denis.

Au même moment, le christianisme s'implante dans cette région ou la reconquiert. Succédant aux moines irlandais de saint Colomban, les religieux anglo-saxons abordent le continent ; sous la conduite de saint Boniface, ils mènent, non sans échecs, l'évangélisation outre-Rhin. En rapports étroits avec la papauté, ils favorisent aussi l'essor de la règle de saint Benoît qui équilibre les longs moments consacrés à la prière par le travail manuel ou intellectuel. Celui-ci, modeste, se limite surtout à la copie des manuscrits à Corbie, Laon, Saint-Wandrille, Saint-Denis. Les moines anglo-saxons, pour qui le latin est une langue morte, s'efforcent de lui rendre sa pureté — souci qui évoque l'idée de « renaissance ». Lorsqu'en 760-762 un concile se réunit à Attigny, les prélats qui y assistent sont en majorité originaires du nord de la Seine ; on peut en déduire que la prééminence culturelle est passée elle aussi du sud au nord de la Gaule.

Les victoires de Charles Martel ne sont donc que l'illustration des progrès d'un monde nouveau où peu à peu s'efface la part jusqu'alors prédominante des Gallo-Romains.

III. — Les Carolingiens

1. **La naissance de la dynastie.** — C'est au fils de Charles Martel, Pépin le Bref que revient l'honneur d'avoir fondé la nouvelle dynastie. En 751, après avoir consulté le pape qui lui répond qu'il vaut mieux appeler roi celui qui possède le pouvoir plutôt que celui qui ne l'a pas, il se fait proclamer roi des Francs. Le dernier Mérovingien qui avait profité de la mort de Charles Martel pour monter sur le trône va finir ses jours dans un monastère. Il fallait légitimer l'usurpation : habilement, Pépin obtient du pape que saint Boniface le sacre. Cette onction était pratiquée sur les rois anglo-saxons et wisigoths mais inusitée chez les Francs (le sacre de Clovis est une pieuse légende, il fut seulement baptisé). Du coup, le roi devient un personnage sacré envers lequel l'obéissance est un devoir religieux ; en revanche, il doit protéger l'Eglise. Pour plus de sûreté, Pépin fait renouveler le sacre par le

pape lui-même en 754 quand celui-ci vient demander l'aide des Francs contre les Lombards qui menaçaient Rome. Pépin passe en Italie, bat les Lombards et dote le souverain pontife de territoires qui, dans l'ensemble, lui resteront jusqu'en 1870. De retour dans son royaume, il chasse les Musulmans de Narbonnaise, lance des expéditions contre les Saxons, rétablit l'ordre partout. A sa mort en 768, lui aussi partage son royaume entre ses deux fils.

Par bonheur, Charlemagne *(Carolus Magnus)* devient seul roi à la mort de son frère dès 771. Aussitôt, il persévère dans la ligne indiquée par son père : renforcer et agrandir le royaume par des victoires, conserver et utiliser la puissante alliance morale de la Papauté. Des victoires, il en remporte tant qu'elles pèsent lourd dans sa légende. En Italie, il écrase les Lombards, annexe leur Etat et coiffe la « couronne de fer ». En Germanie, il soumet aisément la Bavière, mais il faut vingt campagnes féroces pour venir à bout des Saxons. En Espagne, la lutte marquée par des revers dont l'épisode de Roncevaux est le plus célèbre, permet d'établir les glacis de Catalogne et de Navarre.

A la fin du VIIIᵉ siècle, le royaume franc déborde très largement les limites de la Gaule, par son étendue, il rappelle plutôt l'ancien Empire romain d'Occident. Aussi, lorsqu'en 800, Charlemagne doit aller à Rome renforcer le pouvoir du pape Léon III menacé par l'aristocratie romaine, le clergé en profite-t-il pour le couronner empereur. Ce n'est plus l'Empire romain d'antan : celui-ci est situé plus au nord. Par ses institutions, il est plus franc que romain. Surtout, pour les clercs qui l'ont restauré et qui sont sans doute les seuls à en avoir une idée précise, il s'agit plus d'un Empire chrétien que d'un Empire romain.

Jusqu'à sa mort en 814, Charlemagne, qui réside le plus souvent à Aix-la-Chapelle, organise son pouvoir afin de consolider l'Empire. Après lui, son fils Louis le Pieux, pendant la première partie de son règne poursuit l'œuvre commencée. En particulier, par l'*ordinatio imperii* de 817 — qui ne sera jamais appliquée — il tente de mettre fin à la vieille coutume barbare du partage du royaume entre les héritiers du souverain. Mais il tombe vite sous l'influence de prélats qui songent plus à la primauté de l'Eglise qu'à la gloire de l'Empire.

2. **Les nouveaux moyens de gouvernement.** — La dynastie est nouvelle mais les conditions économiques et sociales demeurent. Aussi le gouvernement reste-t-il rudimentaire. L'essentiel pour le souverain est d'imposer son autorité à l'aristocratie. L'armée lui fournit un premier moyen. La monarchie franque est d'origine militaire, son pouvoir, elle le tient du « ban » qui exige des plus puissants des hommes libres le service des armes sous la direction du roi.

Chaque année, donc, il réunit son aristocratie au « Champ de mai » (les Romains partaient plus tôt, en mars, mais l'Empire carolingien est plus septentrional et la cavalerie qui doit attendre que l'herbe soit assez haute pour subsister a succédé à l'infanterie des légions). Il combat avec elle jusqu'en octobre. Pendant la moitié de l'année, l'empereur peut être sûr de ses grands qu'il a sous la main ; en outre, le butin que fait l'armée, les terres que l'on conquiert, le dispensent de fournir une solde qu'il serait bien incapable de réunir. Mais ce système n'est efficace que six mois sur douze et il condamne la monarchie non seulement à la guerre perpétuelle mais encore à la guerre toujours victorieuse.

Pour donner des bases plus stables à son autorité, l'empereur ne crée pas de cadres nouveaux. Ses représentants locaux sont toujours les comtes, deux cents environ pour l'ensemble de l'Empire, en principe, en Gaule, un par *pagus*. Sa grande innovation consiste à transformer les liens de vassalité en un moyen de gouvernement.

Il y avait longtemps que les puissants s'attachaient le dévouement des faibles en échange de leur protection. Au Bas-Empire, cela s'appelait le patronage. Les chefs germains, eux, étaient entourés de guerriers domestiques liés à leur patron par un serment. Les leudes mérovingiens tenaient des uns et des autres. Favorisés par l'anarchie des VIIe et VIIIe siècles, ces liens de subordination se développent surtout entre Loire et Rhin. Là, les rites et les termes sont en place vers 750 : le « vassal » fait « hommage » à son « seigneur » en plaçant ses mains dans les siennes. En échange — mais ce n'est pas encore indispensable — le seigneur confie à son vassal, en guise de salaire, une terre appelée d'abord « bénéfice » puis, beaucoup plus tard, « fief ». Le vassal ne perd pas sa liberté mais n'acquiert pas non plus un droit de propriété sur la terre qu'il a reçue. Peu à peu, un vaste réseau — sans caractère légal — de dévouements et de protections s'établit dans la moitié de la Gaule.

C'était un réseau inorganisé, Charlemagne en fait une pyramide de fidélités. Les comtes, choisis dans l'entourage du souverain, gagnent leur *pagus* après avoir fait hommage à l'empereur. Là, ils retrouvent de riches propriétaires fonciers qui sont devenus « vassaux du roi » ; en échange, ils ont reçu soit des domaines arrachés au patrimoine ecclésiastique, soit des terres conquises récemment. Les uns comme les autres ont pour mission d'obtenir à leur tour l'hommage des notables qui ont déjà constitué leur propre clientèle. Cette hiérarchie d'engagements vassaliques qui part de la personne de l'empereur ne va pas jusqu'aux dernières classes de la société. Elle ne touche même pas tous les hommes libres : ces « alleutiers » qui, avec leurs domaines, échappent à la nouvelle forme de subordination, sont de plus en plus nombreux à mesure qu'on s'éloigne du cœur de l'Empire.

Le système pouvait paraître solide : le lien était durable puisqu'il liait le seigneur au vassal pour la vie, il était adapté à l'économie puisque la fidélité était payée d'une terre. De fait, sur le plan local, il fonctionna bien, jusqu'au niveau des comtes. Au-delà, la fidélité n'était assurée que dans la mesure où le souverain pouvait faire sentir sa force au comte. Au palais, ce dernier sentait bien sa dépendance, mais dans son comté, le rapport des forces s'estompait par la distance qu'accentue la lenteur des communications.

Charlemagne voit bien le danger. D'une part, il contrôle le gouvernement des comtes par les *missi dominici* : chaque année, des missions formées d'un comte et d'un évêque choisis au palais vont visiter les *pagi* et veillent au bon fonctionnement de l'administration comtale. D'autre part, il restreint leur pouvoir : dans les régions frontières, à l'est, à l'ouest face aux Bretons, au sud sur les terres reprises à l'Islam, il organise des circonscriptions militaires ou marches, confiées non à des comtes mais à des marquis ou à des ducs.

A l'intérieur même des comtés, l'empereur multiplie les privilèges d'immunité en faveur des domaines ecclésiastiques dont les bénéficiaires, évêques ou abbés, par leur formation classique, lui paraissent plus attachés à l'Empire. Charlemagne pousse cette union du trône et de l'autel encore plus loin. Sacré roi, couronné empereur, il se considère comme le représentant de Dieu sur terre. Il en profite en 789 puis en 802 pour obliger ses sujets à jurer sur des reliques qu'ils lui seront fidèles comme un homme doit l'être à son seigneur afin de servir ensemble Dieu, la justice et la paix.

L'administration de l'Empire repose donc plus sur des relations individuelles et affectives, dont l'efficacité est fonction de la valeur du souverain, que sur une administration concrète.

Sur le plan local, le comte est aidé par des subordonnés, « viguiers » ou « centeniers », dont les pouvoirs sont aussi vagues que les connaissances. Au palais, les fonctionnaires se confondent avec les officiers domestiques. La chancellerie, à un moment où seuls les clercs savent écrire, est rattachée à la chapelle (qui tire son nom de la relique la plus insigne que l'on y conserve : le manteau ou *capella* de saint Martin). L'œuvre législative — si l'on peut dire — se limite à des textes divisés en chapitres, d'où leur nom de « capitulaires », qui sont promulgués après avoir été entérinés par l'aristocratie au « Champ de mai ».

Charlemagne peut-être, Louis le Pieux sans doute, ont eu conscience qu'un Empire si vaste ne pourrait survivre si ses cadres ne disposaient pas d'une culture suffisante. A un moment où Eglise et culture étaient synonymes, ils s'efforcèrent de promouvoir l'une et l'autre.

3. **La réforme de l'Eglise et la renaissance carolingienne.** — A vrai dire, la réforme de l'Eglise avait commencé dès le règne de Pépin le Bref : saint Boniface avait réuni trois conciles entre 742 et 744. L'œuvre est reprise par le roi à qui le sacre fait une obligation morale d'améliorer l'Eglise puis par l'empereur, guide temporel des croyants. Les moines anglo-saxons multiplient, à l'Est surtout, les fondations bénédictines. Ces abbayes, bien adaptées à l'économie autarcique de l'époque, sont des agents actifs d'évangélisation, des centres d'études plus que de travail manuel.

Si le souverain renonce à nommer lui-même un certain nombre d'abbés après 817, il conserve soigneusement son droit de choisir les évêques. Charlemagne comme Louis le Pieux veillent à ne désigner que des hommes capables.

En effet, l'évêque n'est pas seulement le pasteur des âmes, il a aussi la charge de l'assistance publique, de l'enseignement, même si ce dernier ne concerne que des clercs ; enfin, par rapport au comte qui court la campagne, il apparaît comme le véritable chef de la ville. Le clergé inférieur n'est pas négligé : dans les cités, les prêtres sont groupés en chapitres sous la règle de l'évêque de Metz Chrodegang, la liturgie romaine s'impose partout. La réforme toutefois, ne touche pas les desservants ruraux qui demeurent dans la dépendance du propriétaire qui les a nommés.

La réforme de l'Eglise, un demi-siècle de paix entre 780 et 830, favorisent un renouveau de la culture. Il ne faut pas en exagérer l'ampleur, il n'a touché qu'une élite très restreinte, son but comme ses aspects ont été essentiellement religieux. On a coutume de distinguer deux étapes dans cette restauration du savoir par un retour à l'Antiquité.

D'abord, une période d'apprentissage sous une double influence. Aux clercs anglo-saxons, qui continuent de venir sur le continent — Alcuin est le plus célèbre d'entre eux — s'ajoutent les maîtres italiens : Paul Diacre, Pierre de Pise ou Paulin d'Aquilée. On doit aux clercs carolingiens trois réformes. D'abord, ils répandent un programme d'études méthodiques en deux cycles (*trivium* et *quadrivium*) conservé pendant tout le Moyen Age. Ensuite, à l'écriture cursive devenue illisible, ils substituent la minuscule caroline qui, reprise par les imprimeurs de la Renaissance, subsiste dans le livre que vous avez sous les yeux. Enfin, ils ont fait du latin une langue correcte et savante, mais une langue morte dont les parlers romans vont s'écarter de plus en plus, d'où un divorce entre la langue des savants et celle des autres. Ce souci de purisme les a amenés à recopier les œuvres des grands écrivains latins même païens, sauvant ainsi l'essentiel du legs antique. Un peu partout, des écoles réapparaissent à l'ombre des cloîtres : à Saint-Martin de Tours, à Saint-Wandrille, à Saint-Denis.

Puis vient au cours du IXe siècle la période des réalisations. Elles sont modestes et ne visent pas haut : la théologie n'a guère de représentants. L'histoire est illustrée par Eginhard qui voudrait être un nouveau Suétone et par Nithard. Il ne faut pas sous-estimer cependant ce premier effort de la pensée occidentale, il n'a pas toujours manqué d'originalité ainsi qu'en témoignent les œuvres de Loup de Ferrières, de Jean Scot venu d'Irlande ou de Raban Maur.

Dans le domaine artistique, la période d'apprentissage est beaucoup plus brève. Certes, la chapelle palatine d'Aix-la-Chapelle est une imitation fidèle de modèles byzantins, mais son architecte est un Franc : Eudes de Metz. Dès 814, on construit de grands édifices, des cathédrales comme à Reims, des abbatiales comme Saint-Riquier ; il n'en est rien resté. D'après leur plan, on devine déjà les grands traits de ce qui sera l'art roman : le déambulatoire autour de la crypte, le vestibule important flanqué de tours, la substitution des piliers aux colonnes ce qui permettra de soutenir une voûte et non plus une charpente. Pour la décoration, le ciseau des sculpteurs est toujours aussi malhabile surtout lorsqu'ils veulent représenter la figure humaine. En revanche, la plume ou le pinceau des miniaturistes sont sans égaux : des *scriptoria* monastiques sortent d'admirables manuscrits contenus dans des reliures d'ivoire gravées avec raffinement et vérité : Evangéliaire de Godescalc, Sacramentaire de Drogon ou Psautier d'Utrecht.

Toutes ces réalisations ne sont pas négligeables mais l'effort pour gouverner l'Empire devait tourner court, la renaissance allait bientôt s'éteindre, tout cela parce que l'économie demeurait contractée en dépit de quelques indices de reprise.

4. **L'économie demeure contractée.** — L'ampleur et surtout les directions du grand commerce à l'époque carolingienne ont suscité des controverses passionnées et bien connues. D'un côté, reprenant l'opinion de l'historien belge Henri Pirenne, les uns affirment que la conquête arabe en isolant le Bassin méditerranéen a porté un coup fatal à l'économie antique qui avait survécu jusque-là. Les autres prétendent au contraire que les invasions

musulmanes ont stimulé l'économie en remettant en circulation du métal précieux thésaurisé auparavant sous forme d'objets sacrés. Nous disposons d'une documentation si réduite qu'il est bien difficile de résoudre ce problème.

Il est certain que la frappe de l'or disparaît pratiquement en Occident, la seule monnaie est le denier d'argent ; le sou, la livre sont seulement des monnaies de compte. Les réformes monétaires de 754-765 et de 820 ont entériné la chose mais n'ont sans doute pas visé à rattacher la monnaie franque au système monétaire arabe. On n'a guère retrouvé de monnaies arabes en Gaule et l'interprétation de ces découvertes est bien délicate. On a aussi accordé trop d'importance à l'échange d'ambassades entre Charlemagne et le calife de Bagdad ; l'une d'elles ramena à Aix un éléphant, une horloge à eau et un jeu d'échecs... La Gaule, dont le commerce était jusque-là déficitaire, a enfin des produits coûteux à vendre à l'Islam : des armes — en contrebande — et surtout des esclaves. Ces derniers, capturés dans des tribus païennes, slaves, des marches orientales de l'Empire étaient revendus dans tout le monde musulman. On pourrait croire que le trafic fut important puisque, chez nous, le mot *servus* disparut devant le mot *slavus* dont nous avons fait « esclave ». Pourtant, on sait aussi que la communauté juive de Verdun qui passe pour avoir été à la tête de ce commerce, ne réunissait que quelques dizaines de membres...

Cependant, la nouvelle orientation du commerce que nous avons décelée dès 750 se précise. Elle donne peu à peu la primauté à la région meusorhénane où se fixe aussi la « capitale » de l'Empire. Les produits orientaux y parviennent plus par la vallée du Danube que par celle du Rhône. Sur la mer du Nord, Quentovic et Duurstede sont des centres actifs vers les royaumes des îles britanniques ou la Baltique. Cette activité s'accompagne d'une reprise de la vie urbaine. Reims vers 820, Beauvais vers 850, sollicitent du souverain l'autorisation d'abattre leurs murailles dont elles trouvent le cercle trop étroit ou la protection inutile. On sait que dès 750, Metz compte une vingtaine d'églises

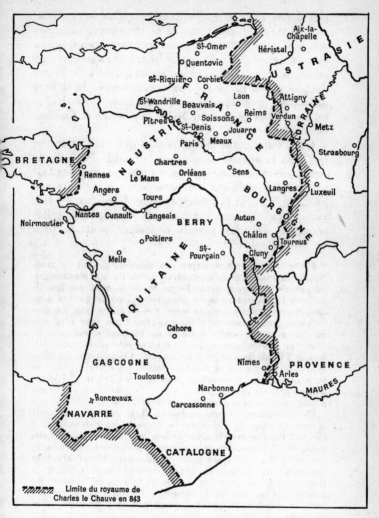

Fig. 1. — La Gaule carolingienne

Limite du royaume de Charles le Chauve en 843

29

soit à peu près le même nombre qu'au XIVe siècle. Au contraire, l'Aquitaine et la Provence, soumises aux opérations de police des premiers carolingiens et à la merci des raids musulmans connaissent une certaine stagnation. Lorsqu'en 864, l'édit de Pitres déclare qu'on ne pourra battre monnaie, en dehors du palais, que dans dix villes, toutes sont situées au nord de la Loire sauf Melle, Narbonne et Chalon-sur-Saône.

C'est dans cette même région qui voit naître ce qui sera la société féodale et le timide éveil d'une économie nouvelle, que se développe une organisation domaniale que l'on considère comme classique parce qu'elle est la mieux connue. Les lieux d'habitat coïncident encore avec ceux de l'époque gallo-romaine mais les grands domaines sont de plus en plus nombreux.

Faute d'argent pour payer des salariés, devant la raréfaction des esclaves (plus tardive qu'on l'a cru longtemps), les propriétaires partagent chaque fonds en deux parties. Ils dirigent l'exploitation de la première qui réunit sous le nom de « réserve » des pièces de terre, des prés, des bois, un clos de vigne groupés autour d'une « cour ». Cette cour n'est pas un château ; par l'ordre lâche de ses bâtiments, elle rappelle plutôt la *villa* gallo-romaine. La réserve est cultivée essentiellement à l'aide de corvées fournies par les tenanciers. En effet, le reste du domaine, la majeure partie, est divisé en tenures ou manses, exploitations familiales formées de parcelles groupées ou plus souvent dispersées à la surface du finage, de droits d'usage sur les terres incultes ou dans les bois.

Ces tenanciers — serfs ou colons libres que rien ne paraît distinguer sinon la naissance — doivent des redevances ou *cens* qui représentent le loyer de leur manse. Ils doivent aussi contribuer à l'entretien de la maison seigneuriale en fournissant des œufs, des poules, du grain ou même des tissus fabriqués par leurs femmes. Surtout, ils participent à l'exploitation de la réserve en fournissant des corvées de labour, de moisson, de battage, de fenaison ou de vendange. La durée de ces corvées est très variable, de quelques jours par an à plusieurs jours par semaine.

Un tel système, parfaitement adapté à l'économie autarcique de l'époque, n'est pas adopté partout. Il est développé surtout dans le Bassin parisien, les régions de la Loire moyenne, le Nord et l'Est. En revanche, en Aquitaine, dans l'Ouest, en Provence, les petits propriétaires demeurent très nombreux ; sur les grands domaines, on rencontre autant d'esclaves ou de travailleurs salariés que de tenanciers.

5. **L'échec du rêve impérial.** — En 814, Louis le Pieux hérite d'un Empire immense qui s'étend de l'Elbe à la Catalogne. Mais c'est un Empire fragile car ses fondements, ses buts et ses moyens sont contradictoires. La guerre, mieux encore, la guerre de conquête, est le moyen le plus efficace pour soumettre l'aristocratie et la rétribuer. Or, le souverain, sacré et couronné, exerce un sacerdoce : il doit assurer la paix et la justice, non rechercher la gloire des armes. L'Empire restauré devrait s'appliquer à faire revivre la notion d'Etat. En fait, les relations ne se font pas entre un souverain et des sujets, mais elles reposent sur des rapports d'homme à homme qu'accentue la « vassalisation » de la société. Enfin, cet Empire si étendu ne dispose que d'une économie rudimentaire où les hommes et les idées voyagent avec une lenteur extrême.

Louis le Pieux ne manque pas de qualités mais sa piété l'amène vite à voir dans l'empereur surtout le chrétien. C'est par des principes qu'il entend gouverner un monde qui ne respecte guère que la force. Il renonce aux conquêtes et, partant, au butin. Il s'entoure de prélats qui veillent avant tout à obtenir des immunités pour les domaines ecclésiastiques et font bientôt de l'Eglise un Etat presque aussi étendu que l'Etat lui-même. L'empereur, enfin, renonçant à l'unité de l'Empire, a la faiblesse de vouloir favoriser son dernier-né, le futur Charles le Chauve, aux dépens de ses frères. En 830, ces derniers se révoltent, obtiennent la déchéance de leur père ; celui-ci reprend le pouvoir, mais à sa mort, en 840, le prestige de l'Empire ne s'en est pas remis. Lothaire, l'aîné, réclame alors la totalité du pouvoir. Pour le contraindre, ses deux frères, Charles et Louis, se jurent amitié à Strasbourg en février 842. Le serment prêté à cette occasion par Louis le Germanique dans la langue de ses adversaires de la veille, est le premier document en langue française qui nous soit parvenu. En 843, Lothaire, vaincu, doit accepter à Verdun un partage en trois lots égaux. Louis, dont la fortune était partie de la Bavière qu'il gouvernait depuis longtemps, reçoit en plus les territoires situés à l'est du Rhin et au nord des Alpes. Charles le Chauve, à qui son père avait confié l'Aquitaine, obtient en outre les régions qui s'étendent en gros à l'ouest de l'Escaut, de la Meuse, de la Saône et du Rhône. Entre ces deux royaumes cohérents, forts chacun d'une tradition historique ou d'une ethnie homogène, Lothaire garde une longue bande de territoires où les populations, les langues et les économies sont très variées mais où la présence des deux capitales, Rome et Aix-la-Chapelle, justifie le titre impérial que conserve le fils aîné de Louis le Pieux. Ce partage né du hasard, partage que tant d'autres avaient précédé, se montra durable. Seule la part de Lothaire, dont la « Lorraine » garde le souvenir, se désagrégea ; pendant mille ans, ses deux voisins vont s'en disputer les débris...

Pendant que la Francie orientale oublie bientôt son nom pour reprendre celui de Germanie mais conserve aux institutions carolingiennes un certain lustre, la Francie occidentale, demain la France tout court, connaît à nouveau une profonde décadence. Non que Charles le Chauve (843-877) soit un incapable, mais il ne suffit pas à la tâche. Il doit à la fois faire face aux nouvelles invasions, contenir les Aquitains et les Bretons. Il s'épuise en même temps à vouloir arracher la Lorraine aux descendants de Lothaire alors que sa propre aristocratie ne lui obéit plus. Ses successeurs ont des noms évocateurs d'une rapide dégénérescence : Louis le Bègue, Charles le Simple... Un fils de Louis le Germanique, Charles le Gros, couronné empereur en 881, en profite pour rétablir l'unité de l'Empire. Dès 887, il doit abdiquer : il n'y aura plus d'empereur en France. En moins d'un siècle, l'effort des Carolingiens avait échoué. D'ailleurs, s'il avait réussi, il n'y aurait jamais eu d'histoire de France...

IV. — Les approches de l'an mil

Les « ténèbres » et les « terreurs » de l'an mil ont déjà fait couler trop d'encre pour que l'historien ne cherche pas à savoir ce qu'elles ont dissimulé. De plus en plus, on s'aperçoit que cette période fut en fait très féconde. C'est alors que le cadre tracé par le traité de Verdun de 843 autour des vestiges de la Gaule et les souvenirs de la puissance franque est enfin devenu la France.

1. Les nouvelles invasions. — Les discordes des descendants de Charlemagne, l'affaiblissement du pouvoir qu'elles provoquent, ouvrent la porte à de nouvelles invasions. Les invasions normandes sont les mieux connues, ce sont celles qui ont eu les plus graves conséquences, mais ce ne sont pas les seules : Arabes et Hongrois ont aussi leur part. Au IXe siècle, les peuples scandinaves connaissent une vigoureuse

33

expansion qui les mène aussi bien vers l'Islande que vers l'Ukraine ou que vers la Gaule.

Un premier raid les amène en 819 à l'embouchure de la Loire. Les années suivantes, ils poursuivent leur prospection. Avec leurs barques rapides à fond plat, ils remontent les cours d'eau, pillent les villes et les abbayes proches puis se retirent rapidement pour revenir au printemps suivant. Leurs adversaires n'ont pas de marine, les comtes ne savent pas coordonner la défense, la mobilisation de leurs forces est trop lente pour être efficace. Aussi, à partir de 850, les Normands s'installent-ils à demeure dans les îles du cours inférieur du Rhin, de la Seine et de la Loire. De là, rien ne leur échappe. Ils pillent Paris en 845, 856, 858. Bientôt, ils transportent des chevaux avec eux : ils s'emparent alors de Chartres, de Limoges, de Clermont.

Un exemple célèbre illustre bien les progrès de leur hardiesse. Vers 820, les moines de Noirmoutier, à l'embouchure de la Loire, doivent aller mettre les reliques de leur fondateur, saint Philibert, à l'abri dans les terres, au bord du lac de Grandlieu. Quelques années plus tard, ils fuient à Cunault, près de Saumur, la proximité de la Loire les inquiète : en 856, on les trouve à Saint-Jean-sur-Mayenne, en 863, à Messay, près de Loudun, puis à Saint-Pourçain-sur-Sioule, en Auvergne. Finalement, en 875, ils trouvent asile à Tournus, sur les bords de la Saône.

Il ne convient pas de prendre à la lettre les récits des chroniqueurs monastiques dont les riches établissements étaient la cible favorite des envahisseurs païens ; mais il n'en reste pas moins que les Normands ont littéralement lacéré l'Europe occidentale par leurs raids innombrables. Leur apparition inopinée, leur disparition aussi soudaine ont achevé de déconsidérer un pouvoir central qui n'était pas fait pour leur résister. L'essor démographique, la renaissance carolingienne, tout fut arrêté. Pourtant, peu à peu, ils paraissent moins souvent. Les uns se convertissent et se fixent : ils reçoivent en 911 ce qui deviendra la « Normandie ». Les autres ne bénéficient plus de l'effet de surprise :

partout des fortifications entravent leur marche, à Saint-Omer c'est un simple rempart de terre gazonnée, à Tours c'est une véritable muraille.

Les Arabes qui avaient pillé Marseille en 838 et 848 s'installent en Camargue, puis se retranchent en Provence dans le massif des Maures dont le nom n'évoque le souvenir que par une pure coïncidence ; ils n'en seront délogés qu'en 972. Les Hongrois, proches parents des Huns, apparaissent en Bourgogne en 930, ils y brûlent Tournus où les moines de saint Philbert croyaient avoir trouvé la sécurité, dans le Berry en 937, en Aquitaine en 951 ; heureusement, le roi de Germanie les écrase définitivement en 955.

C'est au cours de cette période difficile que naît une nouvelle organisation politique et sociale : la féodalité.

2. **La société féodale.** — On ne peut décrire en quelques pages sans la schématiser d'une façon extrême une société qui — établie d'une manière toute empirique — n'a atteint son plein développement qu'à la fin du XIe siècle et dans une zone limitée aux territoires compris entre la Loire et le Rhin.

En gros, la féodalité s'est établie par rapport à trois directions : le pouvoir central, les rapports locaux (vassalité et système du fief), les moyens de subsistance (la seigneurie).

A) Les progrès de l'indépendance de l'aristocratie à l'égard du pouvoir central sont assez bien connus. A la fin du IXe siècle, la monarchie n'a plus les moyens de remplir la mission qui est la sienne à l'époque : assurer la paix et la justice. Faute de conquêtes et de butin, les souverains doivent acheter la fidélité de leurs grands en leur donnant des terres, mais rapidement, comme les Mérovingiens, deux siècles plus tôt, leurs ressources domaniales se sont épuisées. Les invasions normandes portent un rude coup à leur prestige : les armées carolingiennes, à la mobilisation lente, incapables de se scinder en de nombreux corps indépendants, ne peuvent faire face aux attaques inopinées et innombrables des Vikings qui, le plus souvent, créent plus une guérilla qu'un front véritable. Le roi, qui renonce à les combattre, doit acheter leur départ, d'abord en deniers, plus tard sous forme de terres comme en 911.

La monarchie n'est plus un objet de crainte ou de respect ; elle perd tout espoir de se faire obéir du jour où elle doit admettre l'hérédité des fonctions comtales et des biens ou « honneurs » qui rétribuent l'exercice de ces fonctions. En principe, les comtes étaient révocables au gré du souverain, mais dès 877, Charles le Chauve doit reconnaître que, dans certains cas, les fils de comtes pourront succéder à leurs pères. C'était renoncer à tout pouvoir sur eux, mais l'empereur pouvait-il faire autrement ? Le fils tirait un droit des services rendus par le père, celui-ci, qui joindrait l'intérêt familial à la « conscience professionnelle » risquait de remplir ses fonctions avec plus d'efficacité. Enfin, en reconnaissant lui-même l'hérédité des fonctions, le souverain évitait à ses représentants de s'assurer cette hérédité par la rébellion. Désormais, le roi ne peut plus faire fond sur les comtes puisqu'il n'a plus les moyens de les révoquer.

En revanche, les comtes ne peuvent plus faire appel au souverain pour asseoir leur autorité, ils doivent compter sur leurs seules forces. A l'intérieur même de leur comté, de nombreux établissements ecclésiastiques, dotés de privilèges d'immunité, sont autant d'enclaves autonomes, du moins lorsqu'ils ont les moyens de faire respecter cette autonomie. C'est dire que la notion d'autorité se résout à un simple rapport de forces : autorité militaire et judiciaire, droits régaliens, y compris celui de battre monnaie et de nommer les évêques et les grands abbés, sont à qui peut les prendre et les garder. Ceci explique les innombrables guerres locales qui perpétuent l'insécurité même lorsque les invasions ont cessé. Cela explique aussi que l'aristocratie ait pris progressivement un caractère militaire qui, tôt ou tard, amènera sa confusion avec la chevalerie.

B) L'autorité s'exerce donc sur le plan local. La société féodale n'est pas l'anarchie, c'est l'adaptation d'un monde à l'insécurité et à l'absence de numéraire. L'insécurité favorise l'essor d'une classe guerrière peu nombreuse car elle combat à cheval, forme de combat coûteuse mais très supérieure au combat à pied grâce à des perfectionnements qui se généralisent petit à petit : ferrure des chevaux, emploi des étriers

36

et de la selle à pommeau. L'absence de numéraire contraint les chefs à rétribuer leurs guerriers à l'aide de concessions foncières appelées d'abord « bénéfices » puis fiefs à partir du XIe siècle. Au début, le fief est le salaire versé au vassal en échange du service militaire qu'il doit à son seigneur à la suite de l'hommage.

Mais les fiefs connaissent la même évolution que les honneurs : les concessions d'abord viagères sont bientôt faites à deux ou trois vies pour mieux récompenser le service rendu à un moment où les hommes sont rares, puis elles deviennent irrévocables. En même temps, le vassal réussit à faire réglementer les obligations qu'il doit à son seigneur : en deux siècles, le service militaire, permanent à l'origine, va se réduire à quarante jours par an. Il va sans dire que les propriétaires indépendants, les « alleutiers », ont bien du mal à préserver une liberté que le pouvoir central est incapable de leur garantir.

L'Eglise n'échappe pas au mouvement. D'une part, pour protéger ses vastes domaines, elle doit faire appel à des guerriers laïques, qu'elle rétribue au moyen de fiefs dont ils se considèrent bientôt comme les propriétaires. D'autre part, parmi les dignitaires, beaucoup sont des laïques que la monarchie ruinée a dotés en les mettant à la tête de riches abbayes. Les autres, issus de cette classe guerrière, sollicités aussi par les circonstances, se conduisent tels des seigneurs et usurpent les droits régaliens avec d'autant plus de facilité que leurs domaines jouissent pour la plupart de l'immunité.

A travers le royaume, l'autorité se fragmente ainsi peu à peu en circonscriptions dont le rayon coïncide à peu près avec la distance qu'un cavalier peut couvrir en une journée. Chacune d'elles est soumise à l'autorité d'un seigneur qui dispose d'un certain nombre de guerriers fieffés. Lui-même a fait hommage à un comte ou à un vicomte ou à un nouveau venu dont la fortune a été particulièrement brillante. On a beaucoup discuté des origines de la noblesse ; il ne semble pas qu'il y ait eu parmi ses premiers membres beaucoup d'aventuriers — en dépit des légendes qui, par exemple, racontaient qu'un simple arbalétrier avait été la souche de la famille mancelle des Bellême. En fait, la plupart d'entre eux descendent des grandes familles carolingiennes.

Les regroupements plus importants ne survivent guère à la main de fer qui a réussi à les constituer : la véritable principauté que Robert le Fort se taille dans le bassin de la Loire vers 860, est morcelée après lui au bénéfice de multiples vicomtes. Malgré tout, la monarchie ne disparaît pas : les grands conservent un certain respect pour ce souverain qui est sacré, ils lui font hommage — au moins ceux du Nord — quittes à le déposer à l'occasion. Mais ce roi n'est qu'un seigneur parmi d'autres. Si son autorité s'applique en théorie au royaume tout entier, en fait, elle ne dépasse guère les domaines dont il est le seigneur direct, domaines qui lui fournissent les seules ressources dont il dispose.

C) La cellule initiale de la société féodale est le domaine ou seigneurie. C'est la condition indispensable à toute vie noble, consacrée par essence à la guerre. Les plus riches ont pu aliéner une partie de leurs domaines sous forme de fiefs, les plus pauvres, qui n'ont pas de vassaux, font exploiter par des paysans de quoi assurer leur entretien et payer leur équipement. C'est à ce niveau que se place le véritable et nouveau clivage de la société.

Auparavant, il y avait d'un côté les hommes libres, de l'autre les non-libres. Désormais, il y a d'un côté ceux qui ont une activité spécialisée, militaire en l'occurrence, rétribuée par un fief, et de l'autre ceux qui ne savent que cultiver la terre sous forme de tenures. A l'origine, il y avait parmi ces derniers beaucoup d'hommes libres. Cette notion de liberté supposait jadis le service militaire, mais maintenant on ne sait que faire des fantassins — ils ne peuvent se payer un cheval de combat — condamnés par la stratégie nouvelle. Elle supposait aussi la participation aux assemblées judiciaires, or, le pouvoir central n'est plus là pour en assurer la périodicité régulière.

La notion de liberté va donc s'estomper tout comme la notion d'esclavage ; aussi, vidé de sa signification le servage disparaît-il dès le XIᵉ siècle dans les pays de l'Ouest, circonscrit ailleurs à la domesticité des grands. L'éparpillement de l'exercice de l'autorité publique, ou droit de ban, a donc pour résultat que les paysans, quel que soit leur statut juridique, sont non seulement les tenanciers des seigneurs mais aussi leurs sujets. Les plus puissants de ces seigneurs que l'on appelle les châtelains pourront « tailler » leurs hommes, leur imposer des « banalités » (four, moulin, pressoir) et exercer sur eux des pouvoirs juridictionnels. Ce système, né des conditions propres au Xᵉ siècle, s'est implanté peu à peu, il n'est vraiment constitué, avec de nombreuses variantes régionales, qu'au XIᵉ siècle, voire au XIIᵉ, juste au moment où les conditions ne sont plus les mêmes.

Le château est le centre des seigneuries les plus importantes, ce n'est plus la *villa* gallo-romaine au plan lâche, ce n'est pas encore le château fort classique. La construction demeure rudimentaire : sur une butte artificielle appelée « motte » on élève une simple tour de charpente. Les premiers donjons de pierre, quadrangulaires, sont édifiés seulement à l'extrême fin du xe siècle dans la vallée de la Loire (Langeais). A leur pied, une enceinte plus vaste, protégée par une simple palissade précédée d'un fossé, met la population qui vient s'y réfugier à l'abri d'un coup de main. Il semble que dans certaines régions, en Auvergne, en particulier, la multiplication des châteaux ait abouti à un regroupement de la population. En revanche, dans le Sud-Est, les villes fortifiées présentent une densité suffisante pour qu'il n'y ait pas besoin d'édifier des châteaux dans la campagne.

3. Vers un renversement de la conjoncture. — L'ampleur des troubles, la décadence de la civilisation sont des phénomènes incontestables aux IXe et Xe siècles ; pourtant, l'an mil connaît déjà les signes avant-coureurs d'un renouveau.

Les invasions terminées, l'économie sort peu à peu de sa torpeur. Les défrichements reprennent : en Auvergne, demeurée à l'abri des invasions, ce mouvement est particulièrement précoce ; ailleurs, dans la Beauce ou le Maine, il débute tout juste. Les villes font preuve d'une activité nouvelle. Les villes anciennes qui ont échappé aux invasions sont des centres assez actifs : Metz a alors trois foires par an. Souvent, elles se développent grâce à la création à leurs portes de bourgs monastiques, leur plan présente alors une curieuse structure en « nébuleuse » autour du noyau ancien. Le premier bourg apparaît à Angers dès 924, cinq ou six s'y ajouteront plus tard ; à Tours, le bourg de Saint-Martin est signalé en 938 ; à Poitiers, celui de Saint-Hilaire vers 940. Ce mouvement est plus tardif dans le Midi, toutefois, en 990, trois bourgs se dressent aux portes de Narbonne. Tout cela indique une reprise du commerce : aux routes traditionnelles s'ajoutent celle qui va en Espagne et les chemins que suivent les sauniers de l'Atlantique.

Renaissance aussi de l'Eglise. Non de l'Eglise

séculière trop profondément aux prises avec le monde laïque. Les évêques, quand il y en a — la liste épiscopale est interrompue à Nice entre 788 et la fin du Xe siècle — ne se distinguent guère par les activités ou les mœurs des comtes, leurs rivaux. Le renouveau vient cette fois de l'Eglise régulière à partir de l'abbaye de Cluny fondée en 910. Ce monastère, bientôt chef d'ordre, a une règle inspirée de saint Benoît, mais son originalité réside dans son privilège d'exemption : soumis directement au Saint-Siège, il ne dépend pas de l'évêque local. Echappant ainsi à bien des pressions et bien des convoitises, conduit par des abbés remarquables tels Odon, Aymard ou Maïeul, l'ordre de Cluny est bientôt un puissant moteur de la réforme ecclésiastique.

Dans le domaine politique, des regoupements durables apparaissent au nord de la Loire. Les comtes de Flandre étendent leur autorité jusqu'à la Somme. En Normandie, les ducs organisent la féodalité à leur profit ; forts de l'appui de l'Eglise, ils édifient une puissance cohérente. Plus au sud, l'instabilité demeure : l'unité de la Bretagne rétablie par Alain Barbetorte (936-952) ne survit pas à son auteur ; les ducs d'Aquitaine, en dépit de leur titre, ne contrôlent plus que le Poitou et une partie du Berry ; Gascogne et comté de Toulouse mènent leur vie propre. Mais déjà, dans la vallée de la Loire, apparaît Foulque Nerra, le fondateur de la puissance angevine.

L'an mil préside enfin aux débuts d'une nouvelle dynastie. Sa naissance n'est point glorieuse. Pendant tout le Xe siècle, les souverains sont choisis par les grands, tantôt chez les Robertiens (descendants de Robert le Fort dont le fils Eudes était comte de Paris), tantôt parmi les Carolingiens. Ces derniers, hantés par le souvenir de leur gloire passée, voulaient reprendre la Lorraine au royaume de Germanie. Or, depuis 962, le roi de Germanie, d'origine saxonne, Otton, a restauré la dignité impériale. Peu soucieux de voir se maintenir à ses frontières la lignée carolingienne légitime, le nouvel empereur favorise un descendant de Robert le Fort, le duc de France Hugues Capet qui est sacré à Reims en juillet 987. Le nouvel élu a un avantage sur ses prédécesseurs : son domaine personnel, au lieu d'être dispersé est cohérent. Il s'étend, en gros, de Soissons à Orléans ; en outre, de la ruine des droits régaliens, il a quand même sauvé le droit de nomination à un certain nombre d'évêchés et d'abbayes : il trouve là des alliés précieux. Pourtant, personne ne pouvait prévoir alors que ce souverain, à la fois jouet de l'étranger et prisonnier des grands qui l'ont élu, serait la souche d'une dynastie qui allait présider aux destinées de la France pendant huit siècles.

CHAPITRE II

LES GRANDS SIÈCLES DU MOYEN AGE
(XIe-XIIIe siècles)

A la fin du Xe siècle, la France est désormais à l'abri des grandes invasions. L'économie entre résolument dans une phase d'expansion. L'essor démographique amène le développement des surfaces cultivées ; cela permet de nourrir une population toujours croissante. Ceux qui ne vivent pas de la terre profitent de l'enrichissement relatif mais général et d'un monde moins hostile pour se livrer au commerce. Les villes trouvent alors leurs fonctions économiques et s'insèrent comme elles peuvent dans le monde féodal qui n'est pas fait pour elles. L'aristocratie rurale demeure la classe dominante mais elle évolue. La monarchie en profite pour s'imposer à tous. L'Eglise, par une série de réformes heureuses qui sont autant d'adaptations réussies, joue un grand rôle spirituel, mais aussi temporel. Les Croisades, au cours desquelles les Français occupent une place prépondérante, sont le symbole de cette foi renouvelée en même temps que d'une démographie débordante et d'une économie qui, après des siècles d'autarcie presque totale, se tourne à nouveau vers la Méditerranée. Les progrès de la prospérité offrent enfin les conditions favorables à l'éclosion d'un grand art et au développement des activités de l'esprit. Tout cela s'est produit en même temps, toutes ces évolutions, se tenant les unes les autres, se sont faites parallèlement. La commodité de l'exposé oblige à adopter un plan purement formel.

I. — L'essor des campagnes françaises

1. L'essor démographique. — A partir de l'an mil — plus tôt pour les régions qui, comme l'Auvergne, ont échappé aux invasions, plus tard pour celles qui, comme la Provence, ont longtemps connu l'insécurité — on assiste à une vigoureuse reprise de l'essor démographique. Son ampleur exacte comme ses causes précises sont mal connues.

Comme toujours, les chiffres font défaut. Pour la situation initiale, nous en avons un qui, d'ailleurs, peut paraître paradoxal. Le *Polyptyque de Saint-Germain-des-Prés*, confectionné au IXe siècle, indique pour trois domaines du Bassin parisien une population totale de 4 100 habitants répartis en huit paroisses. En 1745, ces mêmes paroisses — sans qu'on sache si leur superficie n'avait pas varié — réunissaient seulement 5 700 habitants. Cette région était donc au IXe siècle presque aussi peuplée qu'à l'époque moderne. En fait, ce chiffre n'est paradoxal qu'en apparence : au haut Moyen Age, les campagnes offrent une juxtaposition de clairières très peuplées où chaque manse morcelé abrite plusieurs familles, où la famine est endémique, et de vastes étendues couvertes de landes ou de forêts. Au XIe siècle, c'est là la grande nouveauté, l'homme sort des terroirs habituels pour partir à la conquête de ces « déserts ». Trois siècles plus tard, on a un chiffre d'ensemble : l'*Etat des Feux et des Paroisses* de 1328 indique 2 587 000 feux. C'est un bilan incomplet puisqu'il ne concerne pas les grands fiefs soit un quart du royaume à ce moment. En outre, on ne sait pas ce que représente un feu : 3 ou 6 personnes ?

Aussi les estimations sont-elles très variables. D'après les plus optimistes, la France pouvait compter 17 millions d'habitants presque tous ruraux. Or, en 1946, il y avait en France 20 millions de ruraux. Les campagnes françaises à l'aube du XIVᵉ siècle auraient donc été, dans l'ensemble, aussi peuplées que de nos jours. Cela est difficile à admettre mais il est à peu près certain que le nombre de leurs habitants avait dû au moins doubler depuis le Xᵉ siècle.

Les causes de cet essor demeurent mystérieuses : fin des invasions, ce qui donne plus de confiance dans l'avenir, conditions climatiques plus favorables aux cultures ? On a accordé beaucoup d'importance aux progrès des techniques agricoles grâce auxquelles on a pu produire davantage et plus vite, donc nourrir davantage de monde. Ces progrès, qui sont plus une lente diffusion de procédés employés localement que des découvertes véritables, sont incontestables : généralisation de l'emploi du moulin à eau puis à vent, de la charrue à soc métallique et à versoir, indispensable pour les terres lourdes, du collier d'épaule qui accroît le rendement du cheval. Au nord de la Loire, l'alternance des blés d'hiver et des céréales de printemps, la jachère n'intervenant plus qu'un an sur trois, a dû augmenter les ressources de près d'un tiers.

Il est plus facile de mesurer les progrès de l'occupation de l'espace agraire grâce aux nombreux documents sauvegardés et à l'aide apportée par la toponymie, la photographie aérienne ou l'analyse des sols.

2. **Les défrichements.** — Si les campagnes françaises prennent alors le visage qu'elles ont aujourd'hui, les essarteurs ont dû tenir compte à la fois des conditions naturelles et des traditions agraires propres à chaque région. Très souvent, les défrichements ont été menés à partir d'un noyau de population préexistant. Peu à peu, les limites du terroir cultivé ont été repoussées vers la périphérie ; l'étude des limites des communes actuelles qui ont succédé aux paroisses de jadis est à cet égard fort instructive.

Sur les plateaux, le finage est grossièrement circulaire autour du village. Au contraire, lorsque ce dernier est situé au flanc d'une vallée, le finage s'allonge depuis la vallée sur le plateau aux dépens de la forêt. Dans ce cas, les parcelles sont allongées en raies, alors que dans le cas précédent elles sont réparties dans les trois « soles » indispensables à l'assolement triennal (encore qu'on ne connaisse guère d'exemples de véritable « assolement » avant le début du XIVe siècle). On voit souvent naître entre anciennes paroisses un centre secondaire de défrichement, on le reconnaît à son nom : Bourgneuf, Neuville, Les Essarts, La Grange, Le Buisson, Les Loges, etc. Il doit en général sa fondation à l'initiative d'un seigneur laïque ou ecclésiastique, le rôle joué dans ce domaine par les abbayes cisterciennes est bien connu, peut-être exagéré. Si ce nouveau centre connaît le succès, il devient à son tour une paroisse. C'est là le paysage régulier du Bassin parisien, des plateaux du Nord et de l'Est, d'une partie de l'Aquitaine, paysage uniformisé par l'établissement progressif de pratiques communautaires telles que la vaine pâture après la moisson.

Au contraire, à l'ouest du Maine et dans le Centre, où la population est dispersée dans des hameaux qui portent fréquemment le nom de leur fondateur, les défrichements ont été souvent œuvre individuelle sans doute parce que la lande plus fréquente que la forêt opposait moins de résistance que cette dernière. Chaque champ nouveau, de forme irrégulière, est entouré d'un talus ou d'un fossé planté d'arbres ou de buissons. La naissance de ce bocage est très mal connue, sa date même est incertaine, on le dit parfois postérieur au défrichement, peut-être ne s'est-il développé qu'au-delà du XIIIe siècle. La mise en valeur demeure incomplète : de vastes étendues dans le Maine, en Sologne, dans le Massif central ne portent que des champs temporaires après « écobuage » (culture sur brûlis). Là, la campagne ne prendra son visage actuel qu'au XIXe siècle.

Plus au sud, les conditions naturelles jouent un rôle essentiel. Les défrichements sont commandés avant tout par la présence de l'eau ou de terres fertiles ; les terroirs sont très irréguliers, aux riches fonds de vallées s'opposent les pentes brûlées par le soleil.

Parfois les nécessités techniques ou la volonté des hommes ont donné aux défrichements un aspect particulier. Les marais se prêtent le moins à un défrichement anarchique, leur conquête fut le fait d'entreprises collectives dont témoignent encore dans le Marais poitevin l' « achenal des Cinq-Abbés » et l' « achenal le Roi ». Les villages édifiés sur les digues de part et d'autre du canal, au milieu d'un paysage géométrique et ordonné, connaissent des contraintes collectives nées de l'entretien des digues.

Le défrichement des grandes forêts a exigé aussi un effort collectif, au moins lors de la mise en valeur, d'où ces villages forestiers très caractéristiques qui s'alignent de part et d'autre de la route, pendant que derrière chaque maison une parcelle allongée s'étend jusqu'à l'orée du bois. Si dans l'Est leur tracé linéaire est rigoureux, en revanche, on rencontre en Haute-Normandie des « villages-nébuleuses » qui s'étirent sur des kilomètres, scindés en plusieurs paroisses.

En Guyenne, l'effort de mise en valeur joint au souci des souverains français et anglais de défendre leur frontière a donné lieu aux XIIe et XIIIe siècles à des créations originales : les sauvetés puis les bastides. Agglomérations rurales, elles offrent cependant une allure urbaine par leur plan en damier organisé autour d'une place entourée d'arcades où se tient le marché hebdomadaire. Leur nom indique parfois leur nouveauté (Villeneuve-sur-Lot) ou rappelle les privilèges dont elles jouissent (Villefranche-d'Agen), à moins qu'un souci publicitaire n'ait poussé son fondateur à lui donner le nom d'une de ces villes de l'Espagne musulmane dont la prospérité est fameuse : Grenade, Séville ou Valence.

Des massifs forestiers sont presque entièrement anéantis : c'est le cas de la forêt de La Haye, à l'ouest de Paris, dont le souvenir s'est maintenu dans le nom de Saint-Germain-en-Laye. Pourtant, les paysans s'efforcent de ne pas faire disparaître toutes les forêts. N'oublions pas que la civilisation médiévale est encore une civilisation du bois : le bois est la matière première de la plupart des ustensiles et des outils, il est indispensable à la construction des maisons, c'est le seul combustible. La forêt est le lieu de pâturage le plus fréquent du bétail, elle abrite en particulier d'innombrables troupeaux de porcs. On y ramasse des fruits et des baies, on s'y procure les écorces nécessaires au tannage des peaux.

Tout un monde y vit, un peu en marge de la société : bûcherons, charbonniers, chasseurs d'abeilles. Ailleurs, les princes veillent à son maintien pour la commodité de leurs chasses ou, comme aux confins de la Bretagne, pour mieux matérialiser une frontière.

3. **Les conséquences des défrichements.** — L'aspect des campagnes françaises a été profondément modifié, désormais, elles portent toutes l'empreinte humaine. L'isolement est rompu, dès le XIᵉ siècle on accole au nom des villages homonymes, pour les distinguer, le nom de leur seigneur : dans la Sarthe, on trouve Sillé-le-Guillaume et Sillé-le-Philippe, Assé-le-Riboul et Assé-le-Boisne, Yvré-le-Polin et Yvré-l'Evêque, etc. D'un côté, toutes ces campagnes se ressemblent parce que l'éventail des cultures est assez limité et que chaque région s'efforce de produire elle-même ce dont elle a besoin : c'est pourquoi la vigne est cultivée sous des latitudes beaucoup plus septentrionales que de nos jours. Mais, comme maintenant, aux riches terres à blé de l'Ile-de-France, de la Lorraine ou du Poitou s'opposent les régions moins fertiles où la mise en valeur est temporaire ou inachevée. La spécialisation est exceptionnelle, elle intéresse surtout les vignobles. Les uns doivent leur extension à la proximité d'un marché de consommation comme autour de Paris, d'autres à la présence d'une voie d'eau qui permet une expédition facile tel le vignoble auxerrois sur les rives de l'Yonne.

L'extension des terres cultivées et l'essor démographique qui en est en même temps la cause et la conséquence amènent une profonde transformation de la société rurale. L'importance du mouvement n'a pas été partout identique. Sur les meilleurs sols, ce fut souvent le dernier acte d'un effort entrepris depuis la préhistoire. En Picardie, par exemple, il a intéressé au plus 15 % de la superficie des terres. En tout cas, les campagnes françaises portent dès lors les traits qu'elles ont conservé jusqu'au milieu du XIXe siècle.

Les revenus des seigneurs proportionnels à la récolte : dîme, champart, terrage, etc., s'accroissent au moment même où les exigences de la « vie noble » se font plus précises. Le maintien de la « réserve » ne paraît plus indispensable. Les seigneurs préfèrent en lotir une proportion croissante à des « hôtes » en échange d'un cens. Du même coup les corvées disparaissent et avec elles le lien le plus étroit qui existait entre le seigneur et les tenanciers. Il ne leur fait pas cadeau de ces corvées : il les convertit en une taxe en espèces ou en exige un rachat global. En effet, les seigneurs de la fin du XIe siècle et du XIIe siècle ont besoin d'argent : ils vont en croisade, qui en Espagne, qui en Terre Sainte. Ils sont poussés à ces longs voyages dont beaucoup ne reviennent pas, tantôt par le souci d'assurer leur salut, tantôt par le désir de se tailler un domaine ailleurs : la pression démographique est particulièrement forte chez ces fils de nobles mieux nourris, mieux soignés que leurs paysans et il n'y a pas des fiefs pour tous. La situation des paysans s'améliore d'autant. D'ailleurs, les seigneurs, bon gré mal gré, doivent se montrer moins exigeants qu'au siècle où leur protection était si précieuse, sinon, ils voient leurs tenanciers « déguerpir » vers les villages nouveaux, « villeneuves », « villefranches » ou « bourgs » que leurs maîtres ont doté d'avantages divers pour attirer la main-d'œuvre : cens légers, taille inconnue ou strictement tarifée, amendes allégées... C'est en vain que les fondateurs doivent admettre le « droit de suite » : les maîtres ont le droit de réclamer leurs hommes pendant un an et un jour. Mieux vaut satisfaire les revendications. Peu à peu, le statut des villages anciens s'aligne sur celui des fondations nouvelles par une série de compromis dont beaucoup sont parvenus jusqu'à nous. Certains servent de modèle : lorsque Louis VI accorde d'importantes franchises à son domaine de Lorris, dans le Gâtinais, vers 1130, une foule de bourgades du bassin moyen de la Loire en sollicitent et en obtiennent de semblables. Ces franchises sont souvent négociées à prix d'argent. Ce sont donc les régions les plus riches qui en profitent ; au contraire, dans les plus pauvres ou les plus reculées, le servage réapparaît, caractérisé par le lien qui unit le paysan à sa tenure ; c'est le « servage de la glèbe ». Il convient d'ailleurs de remar quer que souvent les paysans ont dû s'endetter pour acheter leur liberté et qu'au fond, ils n'ont fait que passer d'une forme de dépendance à une autre.

Tout cela n'a pu se faire que grâce à une reprise des échanges et à une renaissance de l'économie monétaire. Soucieux de se distinguer des vilains, le seigneur se laisse tenter par quelque pièce d'étoffe ou par un sac d'épices. Pour avoir de l'argent, il est amené à monnayer des concessions à ses tenanciers. Ceux-ci ont quelques deniers : au XIe siècle, les marchés ruraux se multiplient où l'on négocie les surplus de la production agricole. Le métal précieux thésaurisé sous forme de bijoux est converti dans d'innombrables ateliers en pièces petites mais au pouvoir d'achat très élevé. Les intermédiaires professionnels réapparaissent. Tout cela explique la renaissance des villes.

II. — La renaissance urbaine

1. **Le nouveau visage urbain.** — La rénovation urbaine ne s'est pas faite partout en même temps et de la même façon. Précoce dans la France du Nord et de l'Ouest, elle a été plus tardive dans le Midi où pourtant le réseau des villes hérité de l'Antiquité était plus dense. Dès que la population est assez abondante, dès qu'il y a des surplus à échanger, les villes se développent grâce aux marchands et aux artisans qui s'y fixent.

Les uns vont vers les vieilles villes d'origine gallo-romaine qui somnolaient à l'abri de leurs murailles, peuplées jusque-là de clercs au service de l'évêque ou de paysans qui allaient chaque jour travailler hors des murs. D'autres s'installent près d'une riche abbaye comme Saint-Waast d'Arras ou Saint-Gilles-du-Gard : ils trouvent leur clientèle parmi les pèlerins qui s'y pressent. Beaucoup préfèrent la proximité d'un château : Gand, Châteaudun ou Beaucaire ; la majorité de nos petites villes actuelles sont nées ainsi à l'abri d'un *castrum*. Quelques-uns se fixent dans les bourgs ou les bastides nouvellement créés. Mais pour connaître le succès, le centre urbain — comme à l'époque gallo-romaine — doit aussi occuper un site favorable aux activités économiques : le fond d'un estuaire (Nantes, Bruges), la présence d'un gué ou d'un pont (Orléans, Laval), le contact de la plaine et de la forêt (Chartres).

En général, les nouveaux venus ne s'installent pas dans la vieille ville ni, *a fortiori*, dans le château. Ils bâtissent leurs maisons, qui sont en même temps leur atelier et leur boutique, au pied de la muraille, près des portes. C'est ce que l'on appelle le « bourg », le « faubourg » ou le « port », souvent doté par le seigneur d'un statut particulier. Il se développe autour d'une place où se tient le marché puisque le commerce et l'artisanat sont les raisons d'être de la nouvelle communauté ; son nom même l'indique : à Avignon, dès le XIᵉ siècle, il y a le bourg des Peaussiers et celui des Menuisiers. Lorsque ses habitants sont assez nombreux, dès que leur richesse le leur permet, ceux-ci obtiennent du seigneur le droit d'élever une palissade puis une véritable muraille. L'enceinte primitive est démolie et la vieille ville se fond dans la nouvelle. L'essor urbain est ainsi marqué par une série d'enceintes concentriques que le tracé des rues ou des boulevards reflète encore de nos jours.

Le paysage urbain a été maintes fois décrit. A travers les nuances régionales on distingue surtout une différence entre les villes du Nord et celles du Midi. Dans le Nord, les villes anciennes sont rares ; lorsque c'est le cas, il ne reste plus grand-chose du plan romain rigoureux : à Metz, à Paris, on ne retrouve guère que le tracé de la grande voie nord-sud ou *cardo* (à Paris, c'est l'actuelle rue Saint-Jacques). Ailleurs, le plan est le fait du hasard, chacun s'y retrouve néanmoins parce que les activités sont regroupées dans des rues distinctes : rue de la Boucherie, de la Parcheminerie, des Foulons, etc. Leur enceinte est vaste : 400 ha à Bruges, plus de 600 à Gand. Aussi, entre les maisons subsistent des jardins, des vignes ; à Paris, le bourg de Saint-Germain-des-Prés gardera longtemps un aspect

champêtre. Les maisons, en pisé ou en torchis conso-
lidé par une armature de poutres, sont modestes et
n'ont souvent qu'un étage. De ce fait, la densité de
la population est peu élevée, les villes de plus de
30 000 habitants sont rares à la fin du XIIIe siècle.
Paris, qui compte peut-être 200 000 habitants, est
une exception.

En Aquitaine, où les bastides sont nombreuses,
et dans le Sud-Est, où la marque romaine s'est
conservée, le plan est plus cohérent. En Provence,
les enceintes, plus modestes, entraînent une forte
densité urbaine, les maisons, cette fois en pierre et
à plusieurs étages, se pressent les unes près des
autres. A Albi, Toulouse ou Montauban, la pierre
fait place à la brique mais partout les maisons-
forteresses sont nombreuses : ici, le noble est
un citadin.

2. **Les fonctions urbaines.** — Du XIe au XIIIe siècle,
toutes les villes n'ont pas connu le même essor. Les
unes ont été bridées par la puissance des seigneurs
dont elles dépendaient, d'autres étaient trop à
l'écart des grands couránts d'échanges pour connaître la prospérité.

La plupart d'entre elles, presque toutes dans l'Ouest,
demeurent de simples bourgades plus riches en artisans qu'en
marchands. Plus exactement, elles abritent des artisans qui
sont en même temps des marchands : ils se chargent de vendre
le produit de leur propre travail. On y trouve d'abord ceux
qui fabriquent ce que produisaient jadis les ateliers domaniaux.
L'émulation et la spécialisation leur assurent une qualité
supérieure, des techniques nouvelles fondées sur l'utilisation
de l'énergie hydraulique leur permettent une production à
meilleur compte. Ceci est surtout sensible pour l'industrie
textile ; à Chartres, le travail des étoffes est ainsi aux mains
des « gens de la rivière » dont les ateliers s'alignent sur les
rives de l'Eure. On y rencontre aussi ceux qui font métier de
nourrir les autres ; les plus puissants d'entre eux sont les
bouchers : en plus du commerce de la viande, ils tiennent

celui du cuir et du sel ; on les craint car leurs outils de travail peuvent devenir rapidement des armes redoutables. Enfin, il y a les métiers spécialisés : orfèvres, pelletiers, parcheminiers qui se sont installés en ville pour être plus à la portée de leur clientèle. De grands marchands, guère. Un ou deux sauniers, quelques marchands de vin.

D'autres villes ont un rayonnement plus étendu. D'abord, les ports qui disposent du moyen de transport le plus utilisé : la voie d'eau, fluviale ou maritime. Leurs installations sont des plus rudimentaires mais les « marchands de l'eau » sont des gens puissants ; Paris leur doit sa devise *Fluctuat nec mergitur*. Ils reçoivent et distribuent le sel, le vin, les tissus, le poisson séché ou salé, les produits rares et indispensables comme l'alun ou l'encens. Il y a enfin des villes qui tirent leur prospérité de la commercialisation des produits originaux de leur région : le vin pour La Rochelle, les émaux champlevés pour Limoges. Quelques-unes, bien placées, sont le siège de foires achalandées : l'une des plus anciennes est celle du Lendit qui se tient à Saint-Denis, près de Paris ; il y a aussi celles de Beaucaire, de Chalon-sur-Saône, etc. Mais l'essor économique est surtout marqué au XIIIᵉ siècle dans les villes drapantes de Flandre (qui relèvent alors de la couronne de France) et par les foires de Champagne.

Les draps frisons étaient déjà célèbres à l'époque carolingienne. Au XIIᵉ siècle, l'industrie de la laine est dispersée d'Amiens à Saint-Omer et de Tournai à Cambrai, mais au XIIIᵉ siècle, elle se concentre en Flandre où les comtes multiplient les mesures en sa faveur.

D'innombrables ateliers tenus par un artisan aidé de quelques compagnons travaillent pour le compte de gros marchands qui fournissent la matière première et se chargent de vendre le tissu. Ce système capitaliste — le premier à être pratiqué sur une telle échelle — ne va pas sans heurts. Du moins, il assure à la Flandre une grande activité. A l'industrie textile, elle joint le commerce vers les pays du Nord dont Bruges devient la plaque tournante dès le milieu du XII⁰ siècle.

La Flandre est alors l'un des deux pôles de l'activité économique industrielle. L'Italie abrite l'autre, d'ailleurs plus important et plus varié. Tout naturellement, les marchands flamands vendeurs de draps et les marchands italiens qui transportent les produits de l'Orient en viennent à se rencontrer. Vers le milieu du XII⁰ siècle, ils prennent l'habitude de se retrouver en Champagne à la limite des terres de France et des terres d'Empire.

Leur choix ne fut pas le fait du hasard, il ne fut pas dicté par l'existence de routes ou de carrefours particulièrement favorables. Les marchands furent surtout sensibles aux mesures prises en leur faveur par les comtes de Champagne. Par le « conduit des foires », ils bénéficièrent de la protection comtale, protection étendue bien au-delà des limites du comté. Par l'institution de la « garde des foires » ils virent garantie la régularité des opérations commerciales. Les villes italiennes veillent aussi aux intérêts de leurs ressortissants, à Lagny, en 1278, elles sont représentées par 23 consuls. Au XIII⁰ siècle, les foires de Champagne sont le centre du négoce européen. Elles sont au nombre de six, durent chacune de six à dix semaines et se succèdent tout au long de l'année d'abord à Lagny, puis à Bar-sur-Aube, ensuite à Provins et à Troyes qui ont chacune deux foires. Ce sont d'abord des foires de marchandises, le volume des affaires traitées est considérable : en 1280, à Lagny, l'on vendit 55 000 pièces de drap. Puis on procède aux échanges monétaires ; à partir de 1250, ce dernier aspect tend à devenir prépondérant, les foires de Champagne sont de plus en plus des « foires d'argent ». Le rôle joué par les banquiers y devient essentiel. Les Italiens sont les maîtres de la grande finance en France, ils prêtent même au roi ; à côté d'eux, l'activité des juifs ou des « Cahorsins » paraît bien modeste. Ils sont favorisés par la frappe de monnaies plus nombreuses et de poids plus élevé : le « gros » ou sou en argent, quelques pièces d'or même à partir de Saint-Louis. Toutefois, le numéraire demeure insuffisant ; pour en tenir lieu, pour plus de commodité aussi, la monnaie scripturaire apparaît sous la forme rudimentaire des compensations de dettes.

Ce monde des affaires est bien loin de celui que que nous avons décrit tel qu'il se présentait au Xe siècle : il fallait à la ville un statut particulier, elle l'a obtenu dès le début de sa croissance.

3. Bourgeois, communes et patriciat.

— Marc Bloch a naguère montré tout ce qui séparait les bourgeois de la société féodale. Ils ont besoin de traiter rapidement leurs affaires qui sont de plus en plus complexes : ils supportent mal la lenteur et l'archaïsme des justices traditionnelles. Ils souffrent du morcellement des pouvoirs, de la multiplication des péages, des excès des seigneurs pillards qui demeurent impunis. Il n'est pas jusqu'à la légitimité de leur genre de vie qui ne soit contesté par l'Eglise qui condamne le prêt à intérêt et suspecte le bénéfice commercial. En un mot, la ville apparaît « dans la société féodale comme un corps étranger ». Pourtant, toutes, à l'origine, sont soumises au seigneur sur le territoire duquel elles ont grandi. La plupart ont essayé d'une façon ou d'une autre d'échapper à sa tutelle.

Très vite, les habitants des villes en viennent à se grouper : les marchands pour assurer la sécurité de leurs convois, les artisans pour harmoniser la qualité et la quantité de leur production. Ainsi naissent, dès le milieu du XIe siècle en Flandre, des associations mi-professionnelles, mi-religieuses. Bientôt, elles jouent un rôle social d'aide et de secours mutuel, puis elles se risquent à rendre des sentences de justice arbitrale, parfois à s'opposer aux exigences du seigneur. Les pouvoirs constitués réagissent. L'épreuve de force s'engage au début du XIIe siècle après un soulèvement isolé au Mans dès 1070.

Les bourgeois, comme on les appelle désormais, ne réclament pas l'indépendance ou la liberté dans le sens où nous l'entendons aujourd'hui ; ils demandent seulement des garanties contre l'arbitraire, des institutions administratives ou judiciaires adaptées à leur genre de vie. Leur mouvement, cimenté par un serment commun de tous les bourgeois d'une ville, appelé « commune », fait scandale. Pourtant, la société féodale reposait elle aussi sur un serment d'aide, mais celui-là soumettait un inférieur à un maître ; l'originalité du serment communal est d'unir des égaux. Autre nouveauté : pour protéger leurs biens, les bourgeois entretiennent la muraille qui entoure leur ville grâce au produit d'une taxe librement consentie par tous ; du coup réapparaît la notion d'impôt public disparue depuis la fin de l'Empire romain.

Cette « révolution » communale se fait rarement par les armes, sauf dans les villes épiscopales du Nord où l'administration ecclésiastique tâtillonne se double du mépris des clercs pour les marchands. Là, des insurrections éclatent ; en 1112, à Laon, l'une d'elles aboutit au meurtre de l'évêque. Parfois, elles triomphent, parfois, elles sont brutalement réprimées. Dans le Midi, le sang coule aussi, à Carcassonne en 1105, 1125, à Montpellier en 1141-1143, à Nîmes en 1210 ; mais là, le rôle dominant est joué par la petite noblesse, peu fortunée, turbulente (à Nîmes, les chevaliers des Arènes), guidée par des préoccupations politiques plus que par des soucis économiques.

Ailleurs, princes et seigneurs se montrent plus compréhensifs.

Les uns se désintéressent du mouvement jusqu'au moment où ils sanctionnent la situation de fait. En Champagne ou en Flandre, les comtes qui veillent à favoriser un essor économique dont ils tirent profit, légitiment les communes en leur octroyant des chartes qui codifient les privilèges acquis. Les villes de l'Ouest, soumises d'abord à l'autorité du roi d'Angleterre, puis reprises par le roi de France, bénéficient d'une véritable surenchère car le Capétien s'empresse de confirmer les chartes accordées par le Plantagenêt sur le modèle des « Etablissements de Rouen ». On a dit que les rois à la recherche d'alliés contre les féodaux, à la recherche aussi d'un argent liquide qu'on ne trouvait guère que dans les coffres des bourgeois, avaient favorisé le mouvement communal. En fait, la politique royale a revêtu des aspects fort divers car elle visait surtout à faire reconnaître sa propre autorité.

L'importance des privilèges consentis est avant tout fonction du rapport de force des parties en présence. Certaines villes reçurent des franchises étendues sans être jamais des communes. Ces dernières n'accèdent d'ailleurs que rarement à une large autonomie ; dans le Midi et dans le Nord, leurs magistrats élus (échevins, jurés ou consuls) peuvent exercer la justice et contrôler l'économie mais dans le domaine des finances et plus encore dans celui de la défense ils doivent compter avec le pouvoir du seigneur ou du roi. Autour de la ville, leur autorité ou ban s'étend sur un rayon d'une lieue environ, d'où notre mot « banlieue ». Mais à Paris, le prévôt des marchands ne contrôle que l'activité économique de la ville, les autres fonctions sont aux mains des représentants du roi ; à Toulouse, après une tentative d'indépendance de 1189 à 1208, c'est le comte puis le roi qui nomme les consuls. En Bretagne, il n'y a pas eu d'institutions municipales dignes de ce nom avant le XVe siècle.

Nulle part le mouvement n'aboutit à une véritable démocratie ; très vite, les privilèges sont limités aux propriétaires d'immeubles et à ceux qui résident dans la ville depuis longtemps. Le terme de bourgeois qui, à l'origine, désigne celui qui habite le bourg, devient synonyme de privilégié. Dès le XIIIe siècle, on voit des familles de marchands dominer leur ville. Comme ils achètent la matière première et écoulent le produit fini, ils font tomber les artisans sous leur dépendance économique, au moins dans les centres les plus importants. Celle-ci confine même à l'exploitation si l'on en juge par la réparation testamentaire de Jean Boinebroke, bourgeois de Douai. Maîtres de l'économie, ils s'emparent des fonctions municipales dont le recrutement se fait par cooptation : Boinebroke fut au moins neuf fois échevin de Douai. Ils achètent bientôt de riches propriétés foncières aux environs de la ville. A leur mort, ils transmettent leur fortune — encore qu'écornée par des legs pieux — et leur pouvoir à leurs fils. La naissance de ce patriciat fait des communes de véritables seigneuries collectives. A Metz, les patriciens descendants des fondateurs de la commune sont groupés au milieu du xiii⁰ siècle en cinq « paraiges » tout-puissants. Notons toutefois que dans les villes les plus actives de « nouveaux riches » réussissent toujours à se joindre aux « fils de riches ».

Les artisans qui forment la majorité des habitants des villes grandes ou petites n'ont pu bâtir des fortunes aussi rapides ni aussi considérables que celles des marchands. Groupés en métiers ou en corporations, leur activité a tendance à se scléroser. Des règlements très stricts, qui assurent au client une qualité constante, paralysent en fait les initiatives personnelles et les innovations techniques ; les artisans veillent surtout à ne pas désorganiser par des nouveautés un marché étroit, aux capacités d'absorption réduites.

Marchands et artisans les plus riches dominent le menu peuple ou « commun » des petits ouvriers, des compagnons et des apprentis. Ce véritable prolétariat, abondant surtout dans les villes drapantes, n'a aucun droit. Dans ces villes, mal payé, mal nourri, mal logé, ses faibles ressources le mettent à la merci des moindres crises de subsistance ou des premières difficultés économiques. Ailleurs, la dépendance de ces petites gens, grâce à leurs fréquentes attaches rurales, est moins accentuée.

Dans le Nord, les mouvements de révolte du commun à Beauvais dès 1233, à Gand en 1275, échouent. Dans le Midi, le commun dont la misère est moins grande, tire aussi parti de la rivalité entre grands bourgeois et nobles citadins. A Aix, les chevaliers gardent le pouvoir, mais à Toulon dans les premières années du xiv⁰ siècle, sur les 12 membres du conseil urbain, 4 sont nobles, 4 sont choisis parmi les *mediocres* et 4 parmi les *minores*.

La vie urbaine, si sa nouveauté fait ressortir son importance, si elle a eu le développement que nous connaissons aujourd'hui, n'intéresse néanmoins au xiii⁰ siècle qu'une toute petite partie de la population. De même, le rôle des bourgeois est bien mince comparé à celui de la noblesse.

III. — L'aristocratie

En raison des modifications considérables que subit l'économie — nous l'avons vu —, des progrès de la monarchie et des nouvelles façons de penser

— que nous verrons plus loin —, l'aristocratie connaît une évolution profonde qui aboutit à la naissance de la noblesse d'Ancien Régime.

1. L'évolution de l'hommage et du fief. — A la suite d'un long cheminement précipité par la décadence carolingienne des IXe et Xe siècles, la société s'était organisée en fonction de cadres nouveaux. Ceux-ci se résumaient essentiellement en une série hiérarchisée de subordinations de vassaux à seigneurs. Le fief, rémunération de la fidélité, n'était qu'un aspect secondaire de cette subordination. Pourtant, nous parlons plutôt de la société féodale que de la société vassalique. Cela, parce que le fief, élément réel, a joué un rôle de plus en plus grand et qu'il a fini par devenir la condition de la fidélité au lieu d'en être la récompense. Trois causes principales ont présidé à cette transformation : d'abord le fait que le vassal ait très vite confondu le fief qu'il avait reçu avec ses biens propres, ensuite une décadence de la notion d'hommage, enfin une limitation progressive des devoirs du vassal. Les étapes de cette évolution sont bien connues et l'on s'attache aujourd'hui à en décrire les nuances régionales, nuances d'autant plus subtiles et d'autant plus difficiles à déterminer qu'elles n'ont jamais été codifiées, sinon à une époque fort tardive.

Nous avons déjà vu que, dès la fin de l'époque carolingienne, les vassaux étaient à peu près assurés de transmettre leurs fiefs à leurs fils. Plus tard, cet usage devient un droit qui ne peut être transgressé qu'en cas de faute grave du vassal auquel le seigneur confisque alors son fief. L'hérédité en ligne directe est de règle dès la fin du XIe siècle, en revanche, la succession en ligne collatérale s'établit plus lentement. L'hérédité par les femmes paraissait impossible puisqu'elles ne portaient pas les armes et que c'était là la raison d'être du fief. Pourtant, bien des filles succédèrent à leur père dans la mesure où elles étaient mariées ; à ce niveau, le mariage devint alors plus que jamais une affaire politique.

Le partage du fief était tout aussi impensable à l'origine puisqu'il constituait la rémunération d'un seul service. Mais à l'exception des grands fiefs où le droit d'aînesse parvient à s'établir peu à peu, on ne peut empêcher ailleurs un démembrement rapide. Dans certaines régions du Nord et de l'Ouest, on tenta de remédier à ce danger par le « frèrage » : seul l'aîné faisait hommage et se chargeait de confier à ses frères suffisamment de terres pour qu'ils puissent subsister ; au bout de quelques générations, le système devint si compliqué qu'on l'abandonna au début du XIII\e siècle.

Le vassal ne pouvait pas non plus donner ou vendre en tout ou partie un fief dont il n'avait pas la propriété, mais l'Eglise favorisa les aliénations pour obtenir des aumônes. Si l'aliénation était partielle, il y avait seulement « abrégement » du fief, le vassal continuait de servir son seigneur avec la partie qui lui restait. Si elle était totale, l'accord du seigneur était plus difficile à obtenir, très vite, pourtant, moyennant une taxe de mutation, il ne put plus refuser son accord. Ainsi, le fief finit-il par passer dans le patrimoine du vassal sans que celui-ci en ait vraiment la propriété.

Le vassal se sent d'autant plus maître de son fief que le lien de l'hommage qui le lie à son seigneur s'affaiblit. En effet, on admet bientôt qu'un vassal puisse avoir plusieurs seigneurs, qu'il puisse partager une fidélité que l'hommage supposait indivisible. Ceci parce que le fief devient l'élément essentiel du système : on prête plusieurs hommages pour recevoir plusieurs fiefs. Le premier exemple connu est attesté au Mans en 895. La pluralité des hommages amène des problèmes délicats : lorsque ses seigneurs sont en conflit entre eux, lequel le vassal doit-il servir ? Les uns suivent celui auquel ils ont le premier prêté hommage, d'autres celui qui a donné le fief le plus important, la plupart n'écoutent que leur intérêt. Pour rendre de la vigueur à un lien qui se distendait de plus en plus, on imagina une sorte de « super-hommage » qui primait tous les autres : l'hommage-lige. Il apparaît en Anjou au milieu du XIe siècle, son usage est général à la fin du XIIe. Il connaît d'ailleurs la même évolution que l'hommage simple dont bien peu de seigneurs se contentent désormais : les vassaux peuvent être les hommes-liges de plusieurs seigneurs à condition d'avoir l'autorisation du premier.

Maître de son fief en pratique, libre d'avoir plusieurs maîtres, le vassal n'a guère de mal à réduire ses obligations envers un seigneur dont la protection ne lui est plus indispensable. Théoriquement, l'hommage entraînait la soumission de l'homme tout entier, mais dès le début du XIe siècle, les devoirs du vassal se limitent à l'aide et au conseil.

L'aide *(auxilium)*, c'est avant tout l'aide de guerre. Le vassal doit combattre avec ses hommes au service du seigneur. Toutefois, la durée de ce service est limitée, en général, à quarante jours au-delà desquels le vassal doit être rétribué. D'autre part, le vassal ne doit pas amener tous ses hommes, la coutume, très vite, fixe l'importance de son contingent. L'aide peut être financière, la coutume, là encore, ne reconnaît au maximum que quatre cas : lorsque le seigneur marie sa fille ou lorsque son fils aîné est fait chevalier, lorsque le seigneur est fait prisonnier et qu'il faut payer sa rançon, enfin, au cas où il part en croisade.

Le conseil *(consilium)* amène le vassal à participer aux cours de justice ou simplement d'apparat que tient son seigneur. Ce sont là presque des « obligations mondaines », elles ne pèsent guère au vassal. Elles sont plutôt pour lui d'excellentes occasions de rompre avec son isolement en retrouvant ses compagnons d'armes. Enfin, le vassal se sent de moins en moins soumis à son seigneur par le fait même qu'une grande partie des pouvoirs de commandement et de juridiction de ce dernier passent peu à peu dans les mains du roi.

Au XIIIe siècle, le système féodo-vassalique apparaît donc comme progressivement vidé de son sens profond, mais il unit des hommes qui ont un genre de vie commun et auxquels la chevalerie a donné une nouvelle cohésion.

2. **Noblesse et chevalerie.** — Le problème des origines de la noblesse suscite actuellement de nombreuses études et il serait imprudent de prétendre trancher par une synthèse prématurée. Il est du moins certain que la noblesse est antérieure et indépendante de la chevalerie. La noblesse carolingienne a eu une abondante postérité féodale et ce n'est que progressivement que les nobles ont adopté les rites chevaleresques puis, dans un second temps, se sont flattés d'appartenir à la chevalerie pendant que, dans un mouvement inverse, les chevaliers en arrivaient à se dire nobles. La confusion fut précoce — vers 1075 — dans le Midi où la décadence des institutions publiques et l'affaiblissement du pouvoir central étaient plus marqués. Au contraire, en France centrale et plus encore sur les terres qui relevaient alors de l'Empire, une aristocratie à deux niveaux, où les nobles étaient supérieurs aux chevaliers, se maintint parfois jusqu'au milieu du XIIIe siècle.

Aux premiers rangs de l'aristocratie se distinguent, avec une netteté qui décroît du XIe au XIIIe siècle, les maîtres des châteaux. Le nombre des forteresses n'augmenta guère au cours des XIe et XIIe siècles mais celles-ci sont d'autant plus inexpugnables que les progrès de l'art de la fortification sont à ce moment plus rapides que ceux de la poliorcétique. On renonce peu à peu aux châteaux de bois, encore nombreux au XIIe siècle, pour employer la pierre impérissable et à l'épreuve du feu. Seul, d'abord, le donjon, est en pierre ; les premiers furent édifiés selon un plan barlong (Langeais, Nogent-le-Fotrou), puis, pour éviter les angles morts, selon un plan circulaire inauguré, semble-t-il, à Fréteval (Loir-et-Cher) vers 1050. Petit à petit, l'ultime refuge du donjon est complété par une ou plusieurs enceintes de pierre ou courtines. Le donjon n'est pas toujours au centre du château comme à Gisors ; souvent, il en renforce l'un des angles comme à Dourdan. A la fin du XIIe siècle, on aboutit à des systèmes défensifs très savants, dont le Château-Gaillard est l'un des exemples les plus célèbres ; seuls les princes, d'ailleurs, peuvent alors faire face aux dépenses entraînées par de tels édifices. Il est évident que les maîtres de ces châteaux exercent des pouvoirs autrement étendus que la masse des petits seigneurs qui n'ont pas tous une « motte » ou, au XIIIe siècle, une maison-forte. Les châtelains disposent d'une autorité de nature politique : ils ont obtenu ou usurpé tout ou partie des prérogatives de la puissance publique ou « ban ». Aussi, les historiens qualifient-ils de seigneurie banale l'aire où s'exerce leur pouvoir. Il semble ainsi que la noblesse ait résidé moins souvent dans l'appartenance à une lignée que dans l'exercice de pouvoirs d'origine publique. Du moins, pendant un bon moment, elle domine en droit comme en fait deux catégories inférieures. La première est formée des guerriers professionnels, riches et fiers seulement de leurs aptitudes militaires ; longtemps nourris par leur maître, ils connaissent une première promotion lorsque l'usage s'établit de leur confier un fief : ils deviennent ainsi des seigneurs. La seconde est composée de propriétaires fonciers, riches en terres mais qui n'ont qu'exceptionnellement des pouvoirs hérités du droit de ban et dont le goût pour les armes tient surtout aux circonstances.

Quoi qu'il en soit, ces différentes catégories tendirent à se cristalliser autour de la chevalerie. Juridiquement, elles ne se distinguaient pas de la grande masse de la population formée d'hommes libres. Leurs membres s'en distinguaient par leur genre de vie et essentiellement parce qu'ils portaient les armes. Ils s'appelaient eux-mêmes *milites* (sing. *miles*), c'est-à-dire soldats, mais nous leur donnons le nom de chevaliers, plus exact, car ils combattent à cheval. Le combat à cheval est un art difficile et coûteux. Difficile, car le port de l'armure et le maniement de la lance ou de l'épée exigent un long apprentissage qui doit commencer dès l'enfance. Coûteux, car l'entraînement doit être constant et ne permet pas de se livrer à une autre activité ; coûteux aussi parce que l'équipement en fer (heaume, haubert, épée, etc.) et le cheval de bataille représentent une valeur considérable.

Ainsi équipé, on combat soit pour protéger ses biens ou ceux de son seigneur, soit pour s'emparer de ceux de ses voisins. C'est souvent un exercice rentable grâce au butin fourni par le pillage ou à la rançon arrachée aux prisonniers. Il est rarement meurtrier : l'armure offre une bonne protection et le souci de la rançon amène le vainqueur à ménager le vaincu. Mais les conflits sont interminables ; le plus souvent le vaincu peut chercher refuge dans son château : l'adversaire recule en général devant les aléas d'un assaut ; si la ruse échoue, l'absence d'approvisionnements le fait bientôt se retirer. Quand on ne guerroie pas, on recherche des activités similaires : la chasse ou encore les tournois, heurts violents au cours desquels il n'est pas rare que le sang coule et où la mise à rançon est de règle. Au repos, c'est encore à la guerre que l'on pense en écoutant un jongleur narrer quelque chanson de geste.

Certains de ces poèmes épiques évoquent la puissance de Charlemagne, telle la *Chanson de Roland* dont le manuscrit le plus ancien qui nous soit parvenu ne remonte pas au-delà de 1170. Quant aux autres, regroupés en deux « cycles », celui des « barons révoltés » et celui de « Guillaume d'Orange », s'ils exaltent la fidélité sans faille et le courage intrépide, ils se plaisent aussi à opposer la puissance des barons à la faiblesse du roi. Dans le Midi, cette existence militaire est moins affirmée car l'aristocratie, pour une grande part, réside dans les villes. Ses distractions sont plus évoluées, l'oisiveté des cours ducales et comtales donne aux femmes une place qu'on ne leur reconnaît guère dans le Nord. Ainsi se développe une littérature « courtoise » où l'amour prend la place de la passion guerrière. Dans la seconde moitié du XIIe siècle, ce nouvel idéal gagne peu à peu la France entière.

Cette société guerrière tire un surcroît de cohésion des principes qui l'animent. C'est d'abord le lien vassalique lui-même. Le vassal, souvent élevé à la cour de son seigneur, partage ses peines, ses joies et ses dangers, hésite à entrer en lutte contre lui. C'est ensuite la discipline que lui impose son appartenance à une famille, à un « lignage » symbolisé par l'apparition au cours du XIe siècle d'un patronyme qui vient s'ajouter au nom de baptême. Cette force des liens du sang est incontestable, elle n'a jamais abdiqué devant les contraintes vassaliques.

Dès le Xe siècle, l'Eglise préparait l'avènement d'une nouvelle noblesse en ne reconnaissant dans la société que trois « ordres » : ceux qui prient, ceux qui combattent et ceux qui travaillent. Elle s'efforça ensuite d'obtenir une limitation des conflits par une adhésion collective de l'aristocratie à cette limitation ; enfin, elle chercha à christianiser et à moraliser chez ses membres ce que leur éthique avait de païen et de brutal.

En 989 au concile de Charroux, en Poitou, en 990 au synode du Puy, le clergé lance l'idée d'un serment collectif par lequel tous les seigneurs s'engagent. sous peine d'anathème, à limiter le recours à la violence. Limitation des objectifs de leur lutte : il faudra respecter les clercs et leurs biens, les petites gens sans défense, les biens d'intérêt général comme les moulins ou ceux dont la reconstitution est difficile comme les vignobles : c'est la « Paix de Dieu ». Limitation ensuite dans le temps ou « Trêve de Dieu » : les belligérants devront interrompre les hostilités chaque semaine du mercredi soir au lundi matin. C'était trop demander ; les sanctions ecclésiastiques ne suffirent pas toujours à intimider ceux qui voulaient passer outre. Il n'en reste pas moins que les réunions pour la Paix de Dieu qui se tiennent jusque vers 1150 ont permis d'assurer une certaine sécurité.

En même temps, l'Eglise fait de la chevalerie une sorte de sacrement symbolisé par l' « adoubement » qui correspond à la christianisation vers 1050 de rites très anciens. Après une nuit passée en prières (la « veillée d'armes »), l'impétrant reçoit son épée, bénie par un prêtre, des mains d'un parrain ; remise solennelle, marquée par la « colée » dont l'accolade de nos modernes remises de décorations n'est plus que le pâle reflet. Le chevalier est désormais soumis à un certain nombre d'obligations. Chrétien, il doit défendre l'Eglise. Devoir bien difficile à respecter sur le plan local où plus d'un regrette les aumônes trop généreuses de ses ancêtres et convoite de s'en emparer ; mais cela incite à aller se battre au loin contre les Infidèles : voilà la justification de la croisade pour un cadet sans fief ou un vassal trop remuant. Il doit également protéger la veuve et l'orphelin. Il lui faut aussi respecter un code moral, chrétien certes, mais adapté à cette aristocratie : le commandement « tu ne mentiras pas » devient « tu tiendras ta parole » : la chasteté s'arrête au respect des femmes de sa classe ; la charité se transforme en libéralité, en « largesse », sinon en gaspillage et le courage en intrépidité. Embelli, presque ascétique, cet idéal devient un thème littéraire dont le « cycle du saint Graal », inauguré par Chrétien de Troyes vers 1180 avec son *Perceval*, est l'un des ensembles les plus célèbres. Dans la pratique, la chevalerie est le dénominateur commun de ce qui devient la Noblesse. Pour ses membres les plus modestes, ce titre est leur plus belle parure ; pour les plus puissants, ce n'est qu'une décoration supplémentaire dont ils ne font pas toujours état. Ce phénomène a été favorisé bien entendu par l'éparpillement des droits de ban qui échappent aux châtelains et par le passage des fiefs dans le patrimoine des vassaux. De même, si la chevalerie a contribué à donner à la noblesse sa cohésion, ce sont les circonstances générales qui l'ont amenée à devenir une classe qui se fermait.

L'essor des échanges, l'ouverture d'horizons nouveaux en particulier à la suite des croisades, ont accru les dépenses des nobles. Les fiefs, de plus en plus réduits par le jeu des successions, ont du mal à nourrir leurs détenteurs. La mise en valeur de nouvelles terres a longtemps compensé ce morcellement, mais, lorsque le mouvement des défrichements vient à se ralentir, les seigneurs ne peuvent accroître les revenus qu'ils tirent des terres cultivées car les cens dont elles sont grevées sont immuables. Dans le courant du XIIIe siècle, la noblesse, pour sauvegarder ses revenus, veut limiter le nombre de ses membres. De son côté, le pouvoir royal était tout à fait favorable à la limitation d'une classe dont les privilèges étaient autant d'obstacles aux progrès de son autorité. Les différentes rédactions de la règle du Temple illustrent bien cette évolution : en 1130, la règle reconnaît deux sortes de Templiers, les chevaliers et les sergents mais ne formule pas de critère précis quant à l'origine de leur recrutement ; en 1230, au contraire, elle précise que tout chevalier devra non seulement avoir été adoubé auparavant mais encore qu'il devra être fils de chevalier. Finalement, l'adoubement n'est plus qu'une formalité, l'essentiel est d'appartenir à une lignée de chevaliers. Formalité cependant coûteuse car elle suppose l'achat d'un équipement. Ceux qui ne peuvent se le procurer doivent se contenter, à partir de 1250 environ, du titre inférieur d' « écuyer ».

La noblesse essaie donc, avec un succès inégal, de préserver son originalité et son train de vie, d'une part en refusant de faire siens ceux qui sont étrangers à ses lignages, d'autre part en créant un rang inférieur pour ses membres les plus pauvres. Désormais, à partir de Philippe le Hardi, après 1270, la monarchie seule prétendra avoir le privilège de conférer la noblesse à ceux qui ne la tiennent pas de naissance. L'affirmation même de ce privilège est le symbole des progrès effectués depuis trois siècles par le pouvoir royal.

IV. — Les progrès de la royauté

Le lent progrès du pouvoir royal en France, de Hugues Capet à Philippe le Bel, est le produit d'une longue ténacité et d'une série de hasards heureux. D'abord — seigneurs parmi d'autres — ils affirment la pérennité de leur dynastie et se rendent maîtres de leur propre domaine. Puis, en gros à partir de Louis VII, leur politique s'intéresse au royaume tout entier en tirant le meilleur parti et de l'organisation féodale et des nouvelles conditions économiques et sociales.

1. Les premiers Capétiens. — Nous avons vu quelle était la faiblesse de la monarchie capétienne naissante : Hugues Capet n'avait pour lui que le sacre, l'appui d'une partie des dignitaires ecclésiastiques et un domaine relativement cohérent. L'avenir de la dynastie n'était même pas assuré ; premier hasard heureux : chaque souverain eut la chance d'avoir un fils, il eut l'habileté de le faire élire et couronner de son vivant, ménageant ainsi imperceptiblement le passage de la monarchie élective à la monarchie héréditaire. A l'extérieur, une autre série de hasards heureux met la royauté française à l'abri de la conquête. Née d'une intrigue de la politique germanique, elle échappe aux risques de tutelle grâce aux crises qui suivent outre-Rhin la mort d'Otton III en 1002. Plus tard, lorsque le danger réapparaît, moins immédiat, il menace plutôt la Flandre et la Champagne ; du coup, ces deux grands vassaux se rapprochent du roi. A la même époque, le duc de Normandie, qui, depuis 1066, est devenu roi d'Angleterre, devient un adversaire redoutable : par chance, la mort d'Henri Ier en 1135 livre l'Angleterre, à l'anarchie et sauve ainsi le roi de France.

Si l'on examine les résultats de la politique personnelle des premiers Capétiens, le bilan est bien modeste. Ils doivent d'abord se faire respecter dans leur propre domaine, c'est d'autant plus difficile que les limites de ce domaine sont bien imprécises. Il comprend des terres, séparées par des enclaves indépendantes, éparpillées de Laon à Orléans, mais aussi des redevances, des justices ou des hommages, enfin des abbayes et des évêchés plus dispersés, dont le plus excentrique est le Puy-en-Velay. Comme tout seigneur, le roi s'efforce de bien tenir en main ce domaine, de l'arrondir si possible. Ce n'est pas sans mal : Robert le Pieux prend Dreux, Henri Ier s'empare de Sens, mais chacun sait tout le mal qu'eut Louis VI pour mettre fin aux brigandages du sire du Puiset installé sur l'axe vital Paris-Orléans.

Maître de son domaine, le roi n'est que le souverain théorique du royaume. Ce royaume s'étend des Pyrénées à la Flandre comprise, mais à l'est, les terres sises au-delà du Rhône et de la Meuse, parfois même en deçà relèvent de l'Empire. Les premiers Capétiens ne se désintéressent pas de leur royaume, loin de là, mais leurs interventions sont le plus souvent malheureuses. En 1020, Robert le Pieux ne peut empêcher Eudes II, déjà comte de Chartres, de Blois et de Tours, d'acquérir en plus la Champagne et la Brie et d'enserrer ainsi dangereusement le domaine royal. Au nom du droit féodal, Philippe Ier se mêle des successions contestées des grands fiefs, il essuie un échec en Flandre ; en Normandie c'est le prélude à un long antagonisme.

Ces guerres n'entament en rien le lien féodal qui continue de lier le roi à ses vassaux, jamais ces derniers ne songent à le dénouer, ils admettent même la position prééminente du souverain en reconnaissant qu'il ne puisse être le vassal de personne. Ce lien, toutefois, n'existe guère pour les pays du Centre et du Midi dont les structures économiques et sociales et la langue ne sont pas les mêmes que celles des grands fiefs du Nord. Louis VI, le premier, intervient timidement dans ces régions en lançant deux expéditions en Auvergne.

Il faut dire que les Capétiens sont limités dans leurs ambitions par la faiblesse de leur organisation administrative qui se résume à quelques officiers palatins : sénéchal, chancelier, bouteiller, chambrier, etc., dont le nom évoque surtout des fonctions domestiques.

Avec Louis VII, la politique royale prend d'autres dimensions. Le mariage du roi avec Aliénor, héritière d'Aquitaine, en 1137, introduit, non sans mal, l'influence capétienne dans des régions où elle était jusqu'alors ignorée. On voit ensuite le roi — tel Charlemagne — aller combattre l'infidèle en 1148, cette croisade est un échec mais c'est la première fois que le souverain regroupe toute sa noblesse sous son commandement. Fort de l'alliance avec l'Eglise, renforcée du temps de son père, son autorité est suffisamment assise pour qu'il puisse s'éloigner pour des pèlerinages à Saint-Jacques-de-Compostelle et plus tard à Cantorbéry. Mais, en 1152, il répudie Aliénor. Celle-ci épouse Henri Plantagenêt, héritier d'Anjou et de Normandie, qui de surcroît devient roi d'Angleterre en 1154 sous le nom d'Henri II. Vassal de Louis VII pour ses domaines continentaux, le nouveau roi apparaît autrement puissant que son seigneur. La monarchie française n'est pas menacée dans son existence puisque, malgré les conflits, Henri II ne refuse pas de se considérer comme un vassal ; elle risque seulement de ne plus progresser, de devoir se contenter d'une autorité plus théorique que réelle. Louis VII résiste comme il peut, s'allie au Saint-Siège en conflit avec le Plantagenêt, cherche des compensations vers le Centre et vers l'Est en intervenant en Auvergne et en Bourgogne.

2. Le grand siècle capétien. — Philippe Auguste (1180-1223) donne à la monarchie son élan définitif. Contre les Plantagenêts, il agit froidement à l'égard de Richard Cœur de Lion qui poursuit des rêves chevaleresques passés de mode en politique ; vis-à-vis de son successeur, le peu scrupuleux Jean sans Terre, il use au contraire des ressources du droit féodal : par la procédure de « commise », il confisque en 1204 la Normandie, l'Anjou et une partie du Poitou et les rattache au domaine. Une revanche anglaise mise sur pied grâce à l'alliance de l'empereur et du comte de Flandre, mécontent d'avoir dû céder au roi une partie de l'Artois, échoue à Bouvines en 1214. A la fin du règne, la superficie du domaine a au moins triplé, il contrôle en particulier ces riches axes commerciaux que sont les vallées de la Seine et de la Loire.

Malgré cela, l'idée d'Etat demeure confuse dans l'esprit du souverain ; tout comme ses lointains ancêtres, il confond encore son domaine avec un patrimoine : si le droit d'aînesse réserve la couronne à l'aîné, en contrepartie, les cadets doivent recevoir de justes compensations foncières, les « apanages ». Louis VIII, qui ne règne que trois ans, anéantit en partie l'œuvre de son père en inféodant à ses fils l'Artois, le Poitou, l'Auvergne, le Maine et l'Anjou.

C'est aussi en dehors du roi que se fait la pénétration dans le Midi languedocien. Cette région, très différente du reste du royaume, devenue très prospère, avait été gagnée rapidement à ce que l'on appelle l'hérésie albigeoise mais qui s'étendait bien au-delà d'Albi et qui était plutôt qu'une hérésie chrétienne une religion nouvelle, forme renouvelée de l'ancien manichéisme, diffusée par des « parfaits », les cathares. Le clergé catholique local, très engagé dans le siècle, ne sut s'opposer à ses progrès ; les grands féodaux, dont Raymond VI, comte de Toulouse, ne s'en préoccupèrent guère. En 1208, le pape Innocent III doit se résoudre à l'emploi de la force. A son appel, une foule de chevaliers du Nord, sans chefs — Philippe Auguste s'était récusé — transforment la croisade en une sanglante expédition de pillage. Raymond VI est déchu de son comté, son successeur, le croisé Simon de Montfort, périt en 1218. L'anarchie est bientôt telle que Louis VIII doit intervenir en 1226. Pourtant, la monarchie ne garde pour elle que le Bas-Languedoc. Cette lutte cruelle fut sans doute le moment crucial de l'unité française.

A la mort de Louis VIII, la France connaît sa première régence ; le pouvoir royal — c'est une preuve de sa vitalité — n'en souffre pas. Il lui manquait encore le prestige international et l'autorité morale : **Louis IX** (1226-1270), un saint, les lui conféra. Chrétien idéal, ses convictions le poussent à la croisade, en Egypte, en Tunisie ; ce sera un échec. Elles lui commandent également de rechercher la paix plutôt que de faire la guerre. Mais pas la paix à n'importe quel prix, la paix par le droit : en 1258, le traité de Corbeil avec l'Aragon assure à la France la suzeraineté sur le Languedoc et la Provence en échange de nos prétentions sur la Catalogne ; en 1259, le traité de Paris inféode à nouveau la Guyenne augmentée des diocèses de Limoges, Cahors et Périgueux au roi d'Angleterre qui, de son côté, renonce aux autres possessions saisies par Philippe Auguste. Le prestige de saint Louis est tel qu'il exerce son arbitrage au-delà de nos frontières : il intervient pour réconcilier l'empereur et le Saint-Siège, le roi d'Angleterre et ses barons ; même prisonnier des Musulmans, en 1250, il conserve à leurs yeux tout son prestige. Ce rayonnement de la personne royale n'est d'ailleurs qu'un aspect du rayonnement de la France sur le monde d'alors.

Les progrès remarquables réalisés par la monar-

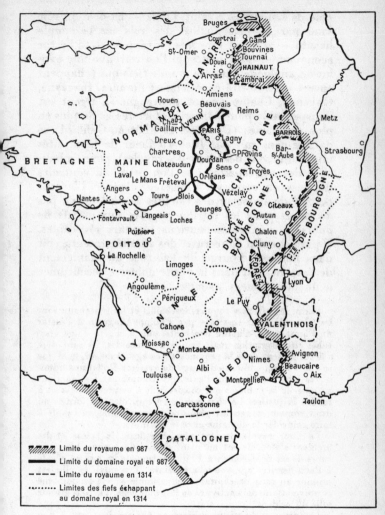

Fig. 2. — La France capétienne

chie de Louis VII à saint Louis — au-delà du rôle joué par la personnalité des rois ou le simple hasard — doivent être mis en rapport avec l'essor économique. C'est pourquoi l'on retrouve une évolution analogue dans les grands fiefs qui échappent encore à l'autorité capétienne : Flandre, Bretagne, Guyenne, Champagne et Bourgogne. L'argent est indispensable pour édifier les forteresses de plus en plus complexes (Dourdan et Château-Gaillard, ce dernier construit par Richard Cœur de Lion, cités plus haut, sont des citadelles royales), pour embaucher des mercenaires que l'on peut, au contraire des vassaux, employer à longueur d'année. L'argent permet de s'assurer des fidélités là où l'on n'a pas de terres pour les rétribuer, grâce aux « fiefs de bourse », véritables pensions toujours révocables. Il permet enfin de recruter des administrateurs, soit dans la classe bourgeoise habituée au maniement de l'argent, soit dans la petite noblesse accoutumée à un dévouement aveugle.

Parmi les officiers royaux, les baillis et les sénéchaux sont les plus célèbres. Institués par Philippe Auguste à l'instar du Plantagenêt, d'abord itinérants, puis à la tête d'une véritable circonscription mais toujours révocables, ils sont déjà « le roi présent dans la province ». Ces agents du roi, quel que soit leur rang, édifient en marge du système féodal une administration nouvelle dont l'existence compromet les fonctions sociales de la noblesse qui consistaient à assurer la paix et à rendre la justice. Ce sont eux aussi qui, bientôt, formés au droit romain, songeront plus que les souverains successifs à faire coïncider le domaine avec le royaume.

La Cour royale devient plus complexe, le trésor et les archives s'alourdissent au point de ne plus suivre le roi au cours de ses déplacements. Philippe Auguste les met en sûreté à Paris derrière une nouvelle enceinte : désormais la ville est promue au rang de capitale. Cela stimule sa vie économique et universitaire déjà active et en fait rapidement la plus grande ville d'Occident.

Les organes du gouvernement se différencient peu à peu

tout en demeurant rudimentaires : chacun a en mémoire l'image de saint Louis rendant la justice sous un chêne. Le trésor est confié aux Templiers, mais une commission de la Cour va contrôler périodiquement leur gestion : elle deviendra au début du xive siècle la Chambre des Comptes. Au judiciaire, le roi ne peut trancher lui-même tous les procès : les membres de la Cour qui en ont la charge prennent l'habitude de siéger régulièrement au palais de la Cité. Les sessions à jours fixes de ce « Parlement » sont annoncées à l'avance vers 1250, on conserve des archives parlementaires depuis 1268. La chancellerie, confiée pendant le xiiie siècle à un garde des sceaux, fonctionne bientôt avec ordre et méthode.

Dernier des grands Capétiens, **Philippe le Bel** (1285-1314) paraît presque étranger à sa dynastie par les résonances nouvelles de sa politique. Certes, celle-ci se situe dans la ligne des efforts de ses prédécesseurs mais il la pousse à ses ultimes conséquences. Le personnage lui-même reste mystérieux, on ne sait s'il est responsable de sa politique ou si l'on doit l'imputer à ses conseillers. C'est là un premier trait nouveau : le pouvoir royal ne repose plus tout entier sur les épaules du souverain, le roi n'est plus tout ; ainsi se dégage peu à peu l'idée abstraite d'Etat, indépendante de la personne royale. Les théories émises par les conseillers de Philippe le Bel aident d'ailleurs à cette évolution. Ceux que l'on appelle les « légistes », Pierre Flotte, Pierre Dubois, Guillaume de Nogaret surtout, pétris de droit romain, aiment à opposer à la notion féodale du suzerain, la notion romaine du souverain tel que l'avait connu le Bas-Empire.

L'accroissement du domaine se poursuit. En 1271, l'héritage d'Alphonse de Poitiers : le Poitou, l'Auvergne, le Quercy, le Rouergue, le comté de Toulouse, était venu se fondre dans les terres de la Couronne. En Guyenne, les agents royaux multiplient les empiétements. Lorsque le roi d'Angleterre s'en plaint en 1294, Philippe le Bel riposte par la

« commise » du fief, mais, occupé en Flandre, il préfère négocier une réconciliation scellée par le mariage de sa fille avec Edouard, prince héritier d'Angleterre : de là sortira le prétexte dynastique de la guerre de Cent ans. Même politique aux dépens de la Flandre, mais là, elle porte moins atteinte à l'autorité du comte qu'aux privilèges des villes flamandes. Celles-ci se révoltent : en 1302, à Courtrai, on assiste pour la première fois au spectacle de la chevalerie mise en déroute par la piétaille. Si une dure guerre permet de s'emparer de la Flandre de langue romane, la Flandre de dialecte germanique va s'écarter irrémédiablement du royaume. Vers l'est, la poussée est favorisée par une politique matrimoniale : le roi, qui avait épousé l'héritière de Champagne, marie l'un de ses fils à la fille du comte de Bourgogne. Or, le comté de Bourgogne, à la différence du duché du même nom, était terre d'Empire : pour la première fois, le roi se prépare donc à repousser les limites du royaume aux dépens de l'Empire. Vers la Bourgogne, mais aussi vers le Lyonnais, annexé en 1312, les comtés de Hainaut, de Bar et de Valentinois. Quelques-uns attribuent même au roi la paternité de la théorie des « frontières naturelles ».

Philippe le Bel agit sans doute comme son saint ancêtre Louis IX lorsqu'il s'en prend aux Templiers que, sincèrement semble-t-il, il a cru coupables ou encore lorsqu'il ne recule pas devant le scandale pour condamner l'adultère de ses brus. Mais que de nouveautés dans ce conflit avec le Saint-Siège qui prétend exercer sur le clergé plus de pouvoirs que n'en a le roi ! Déclaré « empereur en son royaume » par les légistes, Philippe le Bel ose employer la violence à l'égard du pape et réussit là où les empereurs romains germaniques ont échoué. Tous les moyens lui sont bons : falsification des bulles pontificales, enlèvement du pape à Anagni, appel enfin au sentiment collectif de la nation lors de la première grande assemblée d'« Etats » en 1302, lesquels symbolisent à la fois la naissance et de l'opinion publique et du nationalisme ou plutôt de la xénophobie. Le conflit prend fin lorsque le pape vient s'installer pour trois quarts de siècle à Avignon. Cet établissement de la papauté aux portes du royaume, sous son influence directe, n'est qu'un exemple supplémentaire de la puissance française. Il marque également la fin des rêves romains d'hégémonie théocratique.

Une politique aussi active est servie par une administration de plus en plus perfectionnée. L' « Hôtel », chargé de l'entretien de la maison royale, se différencie désormais nettement de la « Cour » qui réunit les organes du gouvernement. Le Parlement définitivement constitué est divisé en plusieurs chambres : la Grand-Chambre, la Chambre des Requêtes, la Chambre des Enquêtes. Ce sont surtout les institutions financières qui progressent le plus : en effet, l'administration qui s'alourdit, en province comme à Paris, l'armée formée de plus en plus de mercenaires, une diplomatie active coûtent cher. Le Trésor, depuis la chute des Templiers, est aux mains des agents du roi ; la Chambre des Comptes, organisée définitivement en 1320, contrôle de près toutes les opérations financières.

Malgré tout, les progrès de la monarchie sont freinés par la modestie de ses ressources.

La coutume voudrait que le roi se contente des revenus de son domaine. Ses efforts pour avoir des finances à la hauteur de sa politique lui ont valu une mauvaise réputation ; ses méthodes ont pourtant connu un brillant avenir. A partir de 1296, Philippe le Bel se livre à des mutations monétaires qui ne sont autre chose que des dévaluations avec les inconvénients qu'on leur connaît. Il essaie surtout d'obtenir des recettes régulières au moyen d'impôts directs ou indirects. Ceux-ci restent d'un faible rapport et suscitent beaucoup de mécontentement. Pour tenter d'associer l'opinion à ses mesures, le roi réunit en 1314 des délégués du clergé, de la noblesse et des villes. Ces « Etats » sont encore bien modestes, leurs membres sont désignés par les agents royaux ; le souverain leur demande une caution morale, non un vote ou une discussion. Leur réunion prouve toutefois que le souverain n'agit plus dans le cadre traditionnel de la société féodale, qu'il n'utilise plus le système des relais de seigneur en vassal. Certes, les « Etats » ne sont pas confondus, mais tous ont un point commun : ils sont les sujets d'un même souverain.

Lorsque Philippe le Bel meurt en 1314, il laisse un royaume fort comme il ne l'a jamais été. Il semble avoir mené à bien la politique de ses prédécesseurs. Toutefois, l'esprit qui l'anime, les caractères nouveaux qui apparaissent un peu partout indiquent que la France du début du XIVe siècle s'engage dans des structures nouvelles bien différentes de celles du XIIIe siècle.

V. — La vie de l'esprit

1. **Les réformes de l'Eglise.** — Les biens ecclésiastiques étaient trop importants et les membres du clergé avaient trop d'influence pour que les laïques ne fussent pas tentés de mettre la main sur l'Eglise. Les souverains, d'ailleurs, avaient jadis donné l'exemple. Lorsque leur autorité se morcelle, les nouvelles puissances locales s'emparent, qui d'un évêché, qui d'une abbaye, encore que ce domaine eût été celui où la monarchie avait le mieux préservé ses droits puisque nous avons vu que les premiers Capétiens contrôlaient des évêchés bien au-delà des limites de leur domaine.

Que ce soient les rois ou leurs vassaux, tous sont surtout soucieux de tirer le meilleur parti possible des biens et des dignités ecclésiastiques. Pour mieux soumettre les évêques ou les abbés, ils les font entrer dans le système féodo-vassalique : au cours d'une seule et même cérémonie, après un serment de vassalité, les évêques sont investis « par la crosse et par l'anneau » à la fois de la charge des âmes et de la charge des biens temporels. L'Eglise est donc aux

mains des laïques. Cette dépendance a deux conséquences. D'une part, les clercs les moins recomman-
dables favorisent leur nomination par des cadeaux :
ce trafic des charges spirituelles s'appelle la simonie.
D'autre part, les dignitaires choisis en fonction de
critères familiaux ou politiques mènent souvent une
vie qui n'a rien de chaste : c'est le nicolaïsme.
Issus de l'aristocratie, évêques, chanoines et moines
mènent la même vie qu'elle ; le contraste n'en est
que plus grand avec le clergé paroissial d'origine
paysanne, inculte, misérable aussi, car le seigneur
qui désigne le curé à son gré s'empare de la plupart
des dîmes et des offrandes, sous prétexte qu'il est
le fondateur de l'église paroissiale. Cette décadence,
entamée dès la fin du IXe siècle, connaît son apogée
au milieu du XIe. Pour répondre à son idéal, l'Eglise
devait opérer une double réforme : se dégager de
l'emprise laïque et retrouver une pauvreté évan-
gélique dont les curés — bien malgré eux — étaient
les seuls témoins.

Le clergé retrouve assez facilement une relative
indépendance. Le mouvement réformateur parti de
Cluny, dont nous avons déjà noté le succès prodigieux, parti aussi des monastères lorrains, est
encouragé par la papauté rénovée, en particulier
par Grégoire VII (1073-1085) qui a attaché son
nom à cette réforme. Le roi, premier détenteur
d'évêchés, hésite longtemps à se priver des avantages qu'il en tire. Toutefois, le conflit ne prend
pas la même acuité qu'en Allemagne où les évêques
exerçaient souvent les fonctions comtales et for-
maient le rouage essentiel d'une administration
encore cohérente ; en outre, le Capétien a trop
besoin de l'appui du Saint-Siège pour ne pas rechercher un compromis : en 1107, Philippe Ier, tout en
conservant un droit de regard sur les élections,

reconnaît au clergé le droit de choisir ses évêques. Il renonce à les considérer comme ses vassaux et se contente d'un serment de fidélité prêté par le nouvel élu après sa consécration.

A ce moment, dans les campagnes, depuis déjà un demi-siècle, les seigneurs renoncent en partie aux dîmes qu'ils avaient usurpées, ils renoncent aussi à leur droit de propriété sur les églises et le confient d'ailleurs plutôt aux abbayes qu'aux évêques. Ceux qui ne suivent pas le mouvement se contenteront plus tard du simple droit de « présenter » à l'évêque un candidat pour qu'il en reçoive la charge des âmes de la paroisse. En même temps, les mœurs s'épurent, les prélats indignes deviennent exceptionnels. Cette réforme bat son plein à des époques différentes selon les régions entre 1050 et 1150. La papauté les favorise de son mieux : le voyage de Benoît IX en 1040 à Marseille est le signal de l'épuration du personnel épiscopal dans la région, le passage d'Urbain II au Mans en 1096 déclenche la restitution de nombreuses églises privées dans le Maine.

Largement libérée de la tutelle laïque, l'Eglise séculière ne connaît pourtant qu'une réforme incomplète. Certes, elle est venue à bout du nicolaïsme et de la simonie, elle comprend mieux le sens de sa mission en multipliant les sanctuaires, les hôtels-Dieu, les léproseries, les écoles. Mais les prélats continuent de vivre comme de grands seigneurs ; apparentés aux grandes familles, ils participent à leurs luttes. Chose plus grave, l'épiscopat rénové ne retrouve pas dans les diocèses sa puissance d'antan : d'une part, les évêques doivent composer avec le chapitre de leur cathédrale, d'autre part, ils ont perdu le contrôle de nombreux monastères qui se sont mis sous la protection directe du Saint-Siège. Le clergé paroissial ne connaît d'amélioration ni dans son recrutement ni dans sa condition puisque les moines, nouveaux propriétaires des églises, s'en réservent la plus belle part des revenus, les décisions du quatrième Concile du Latran appliquées autour de 1220 apportent seulement une amélioration passagère de son sort.

Au contraire, le clergé régulier, par une série de renouveaux, s'efforce de toujours répondre à l'idéal chrétien. Cluny, d'abord, avait donné l'exemple. L'ordre, très centralisé, conduit par des abbés remarquables, avait essaimé dans l'Europe entière. Son succès lui avait valu les innombrables aumônes des âmes inquiètes et très vite les soucis entraînés par la gestion d'un énorme patrimoine composé de terres, d'églises et de dîmes avaient pris le pas sur la vocation ascétique.

Les Cluniens pensaient d'ailleurs que rien n'était trop beau pour la gloire de Dieu. Ils attachaient peu d'importance au travail manuel ou à la recherche intellectuelle et se consacraient surtout à une liturgie somptueuse dans des abbatiales magnifiques. Dès la fin du XIᵉ siècle, Cluny ne répond plus aux exigences de la foi et de l'austérité monastique.

Des ordres nouveaux apparaissent. Les uns ne fuient pas le monde, ils s'efforcent au contraire de lui donner l'exemple par l'austérité de leur vie, de le conduire au salut par la prédication ou l'enseignement. Tels sont les ordres de chanoines réguliers Victoriens et Prémontrés, soumis à la règle de saint Augustin.

Mais le courant érémitique est le plus fort, ceux qui fuient le monde se regroupent en Limousin sous la conduite d'Etienne de Muret (ordre de Grandmont), en Anjou autour de Robert d'Arbrissel (ordre de Fontevrault) ; dans la Chartreuse, un Allemand, saint Bruno, réussit à concilier la solitude avec un minimum de vie conventuelle. Leur succès n'approche pas celui de Cîteaux. Cette abbaye fondée en 1098 connaît un essor prodigieux du jour où elle accueille saint Bernard, bientôt abbé d'une filiale, Clairvaux, qu'il avait fondée lui-même en **1115**. Ce grand chrétien, à la fois mystique et autoritaire, véritable guide spirituel de la chrétienté pendant près de quarante ans, organise l'ordre en fonction de deux principes.

1° D'abord en réaction contre Cluny, s'il conserve la règle bénédictine, il proscrit toute centralisation excessive et rétablit l'austérité dans le sanctuaire comme dans la vie des moines. Ensuite, en adaptant l'ordre nouveau aux conditions nouvelles de l'économie et de la société : les cisterciens doivent 2° savoir tirer parti des terres les plus pauvres, les seules à être encore assez étendues pour offrir la solitude qu'ils recherchent, ils y créent un élevage florissant. Surtout, la structure de l'ordre reflète bien la hiérarchie sociale du temps : les moines de chœur, issus de l'aristocratie, se consacrent aux exercices spirituels, pendant que les convers, d'origine paysanne, à qui l'on demande plus de travail que de prières, sont chargés de l'entretien matériel de la communauté.

Après la mort de saint Bernard, l'ordre cistercien connaît bientôt la même évolution qui avait éprouvé Cluny. Même si la pauvreté individuelle est sauvegardée, l'opulence collective de l'ordre devient flagrante ; il apparaît ainsi que l'on ne peut accorder la richesse foncière avec la pauvreté monastique. De plus, la fuite au « désert », la vie rurale, le mépris des activités intellectuelles, toutes choses qui caractérisent la plupart des ordres monastiques, ne répondent plus aux aspirations d'une société plus cohérente, plus urbaine et plus avide de savoir que naguère.

Pendant un temps, à la fin du XIIᵉ siècle, la masse des fidèles, abandonnée des meilleurs qui se réfugient dans les cloîtres, insatisfaite d'un clergé séculier trop absorbé par des préoccupations temporelles, trop riche ou trop inculte, paraît chercher seule sa voie. Cela se traduit d'un côté par l'hérésie albigeoise dont les « Parfaits » sont un exemple pour le peuple, de l'autre par les Vaudois — dirigés à l'origine, fait significatif, par un marchand, Pierre Valdo — qui prétendent d'abord rester dans l'orthodoxie, affichent la pauvreté la plus complète et traduisent l'Evangile en langue vulgaire pour mieux le faire comprendre. Contre eux la croisade, puis l'Inquisition, sont des remèdes extrêmes qui ne règlent pas le problème de l'insatisfaction des âmes ni celui de l'évangélisation d'une population toujours plus abondante.

La création des ordres mendiants, franciscain et dominicain, permet une fois de plus à l'Eglise régulière de s'adapter aux conditions nouvelles. Cette fois les fondateurs ne sont pas des Français mais leurs ordres s'implantent rapidement dans le royaume. L'un et l'autre, comme leurs prédécesseurs, cherchent le contact avec Dieu dans la pauvreté, mais eux refusent tout bien immobilier, ce qui leur enlève le souci et la tentation de bien les administrer. Surtout, ils restent dans le monde ; installés dans les villes, ils jouent un rôle considérable par leur prédication dans un milieu alors en plein essor. Enfin, le désir de ramener les hérétiques à l'orthodoxie les conduit à accroître leur savoir et à perfectionner leurs méthodes de raisonnement L'activité intellectuelle est pour eux essentielle — notons que la règle dominicaine interdit aux frères toute propriété, sauf celle des livres — aussi, au XIIIe siècle, tous les grands penseurs sont-ils formés par les dominicains et dans une moindre mesure par les franciscains.

L'activité de la vie spirituelle n'est qu'un aspect du renouveau de la vie intellectuelle qui s'exprime également avec force dans l'art et dans la pensée.

2. Art roman et art gothique. — Au cours du XIe siècle, le retour à une certaine sécurité, des échanges plus actifs, une prospérité renaissante, permettent à l'art de se manifester à nouveau. C'est avant tout un art religieux. Certes, on construit des châteaux, des ponts, mais là, les nécessités techniques l'emportent sur les préoccupations artistiques. D'ailleurs, l'on construit surtout des églises, en nombre tel que les contemporains en ont été frappés. C'est dans ces édifices que l'on saisit le mieux les caractéristiques de l'art médiéval. D'une part, parce que beaucoup d'entre elles subsistent de nos jours, d'autre part, parce que ces sanctuaires permettent à toutes les formes d'art de s'exprimer, et qu'à un moment où la culture est avant tout affaire de clercs, ces édifices religieux traduisent le mieux les aspirations artistiques de l'époque.

Pendant longtemps, on a cru pouvoir diviser l'art roman en écoles régionales. On établissait ainsi un rapprochement avec le morcellement politique du royaume. L'on opposait l'école du Poitou à celle de la Normandie, l'école bourguignonne à l'école auvergnate ou provençale. En fait, les influences se sont transmises beaucoup plus largement qu'on ne le pensait ; les grands ordres religieux, Cluny en particulier, les grands courants de pèlerinage, surtout celui de Saint-Jacques-de-Compostelle, ont diffusé des procédés ou des thèmes sans se préoccuper des frontières politiques ou même des limites des circonscriptions ecclésiastiques. L'exemple le plus célèbre en est cette série de grands édifices à déambulatoire et à vastes collatéraux qui jalonnent le chemin de Saint-Jacques, de Tours à Compostelle en passant par Limoges et Toulouse. Ces influences ne se limitent pas à la France, celles venues d'Espagne sont bien connues ; l'art roman est plus un art occidental qu'un art français, encore que la part de la France y soit considérable. En sens contraire, à l'intérieur d'une même région, la variété est telle que l'on ne peut véritablement parler d'école, seulement de tendance dominante : en Poitou, les églises à trois nefs d'égale hauteur sont les plus fréquentes, mais on en rencontre aussi à voûte unique, la plupart voûtées en berceau, quelques-unes couvertes d'une série de coupoles.

On peut cependant tenter des regroupements. Tantôt, les artisans recrutés sur place ont assuré la pérennité des traditions locales : en Normandie, les charpentiers se sont chargés de la couverture des édifices sans recours à la voûte ; en Provence, les sculpteurs ont manifestement imité les exemples romains qu'ils avaient sous les yeux. Tantôt, un matériau particulier a exigé ou facilité des solutions originales : en Auvergne, la lave et le granite rebelles au ciseau n'ont permis que des édifices trapus aux sculptures rares que compense l'harmonie des volumes ; au contraire, entre Loire et Gironde, le calcaire résistant mais facile à travailler a autorisé la construction de savantes coupoles de la Saintonge au Quercy, pendant que de Poitiers à Angoulême, les artistes ont pu aisément sculpter les façades entières. Ailleurs, une prospérité plus grande, la proximité d'un modèle prestigieux ont entraîné la construction d'édifices plus vastes et plus ornés : c'est le cas de la Bourgogne autour de Cluny.

Au-delà des expériences sans lendemain, des combinaisons d'influences et des variétés locales, on peut essayer de définir les caractères essentiels de l'art roman dont les chefs-d'œuvre virent le jour entre 1050 et 1150. C'est un art de la pierre et, pourrait-on dire, un art de la voûte. Si les architectes conservent, comme à l'époque carolingienne, le plan en croix avec déambulatoire et bas-côtés qui correspond le mieux aux exigences de la liturgie, ils abordent et résolvent le problème de la couverture en pierres. Substituer la voûte à la charpente permet d'éviter les incendies jusqu'alors fréquents, cela répond surtout à une aspiration plus profonde qui veut faire de l'édifice une sorte de gigantesque reliquaire autour de l'autel. Cette solution entraîne évidemment un accroissement considérable du poids à supporter, il faut renforcer l'épaisseur des murs et substituer les piliers aux colonnes.

Les premières expériences semblent avoir été menées à bien au Xe siècle lors de la construction dans les Pyrénées orientales de modestes églises couvertes de voûtes en berceau. Puis on emploie des arcs doubleaux qui, de place en place, renforcent le berceau et retombent sur des piliers renforcés par des contreforts. Cette première tentative pour reporter la poussée de la voûte en des points précis est suivie de l'invention de la voûte d'arêtes — intersection de deux berceaux — puis de l'emploi de la coupole : ces deux procédés font porter le poids de la couverture sur les massifs d'angle de la construction. En dépit de l'emploi de pierres appareillées, les murs pour résister aux poussées considérables doivent être épais, peu élevés ; de peur de les affaiblir, les ouvertures doivent être rares. On obtient alors des édifices obscurs, ce qui correspond bien à l'atmosphère particulière et mystérieuse que l'on recherchait alors dans les sanctuaires. Ce sont aussi des édifices trapus où il faut considérer davantage l'harmonie des proportions que l'élégance des formes. Cette harmonie, très sensible à l'extérieur — en particulier au chevet lorsque le regard monte malgré lui des absidioles au déambulatoire, puis au chœur, enfin à la tour-lanterne — se retrouve à l'intérieur dans la succession des arcs doubleaux ou, comme en Normandie, par l'alternance des temps forts et des temps faibles dans les piliers.

La décoration doit se plier à cette tyrannie de l'architecture Les vastes surfaces murales étaient couvertes d'une profusion de fresques dont il reste bien peu de choses aujourd'hui. On a coutume d'opposer les peintures à fond clair et au dessin vigoureux de l'Ouest (Saint-Savin-sur-Gartempe) aux peintures aux fonds bleus et au décor plus orné, peut-être d'inspiration byzantine, de la Bourgogne (Berzé-la-Ville). La sculpture, comme dans le temple antique, se limite aux chapiteaux et aux façades, mais quelle variété dans l'inspiration et dans la réalisation ! Les artistes puisent à toutes les sources : monstres et entrelacs scandinaves en Normandie, arabesques et arcs polylobés empruntés à l'Espagne musulmane au Puy, fidélité aux exemples romains à Autun et à Saint-Gilles-du-Gard, imitation des coffrets d'ivoire historiés byzantins à Conques ou à Moissac. Les grands thèmes iconographiques qui réintroduisent avec éclat la représentation de la figure humaine, empruntés de préférence à l'Ancien Testament ou à l'Apocalypse, célèbrent sur les tympans la majesté divine ; ils se font volontiers terrifiants sur les chapiteaux pour fustiger les péchés des hommes, ou encore didactiques pour enseigner à la masse des fidèles une Bible qu'ils ne savent ou ne peuvent lire. C'est un art plus expressif que réaliste, mais là encore quelle variété depuis les monstres naïfs et grimaçants de

Chauvigny (Vienne) ou de Conques jusqu'à ces chefs-d'œuvre inoubliables que sont l'*Eternel* de Moissac ou le *Christ* de Vézelay !

Ce n'est pourtant pas des régions méridionales qu'allaient venir les nouveautés. La Normandie, qui avait préféré les charpentes aux voûtes pesantes pour sauvegarder l'élévation de ses édifices et la clarté de leurs nefs, commença de nouvelles expériences. Ce furent d'abord de vastes voûtes d'arêtes. Puis, vers 1100, on eut l'idée de soulager la voûte par des nervures en croix ou « ogives » soigneusement appareillées : d'une part, la voûte moins massive est plus légère, ce qui permet des vaisseaux plus larges et plus hauts, d'autre part, puisque la poussée de la voûte est reportée en des zones précises, on peut procéder entre ces zones à un large évidement des murs latéraux. Le système, peu à peu perfectionné, gagna la vallée de l'Oise (Morienval, Saint-Etienne de Beauvais).

Sur le plan purement technique, ce n'était encore qu'une simple variante de l'art roman, mais Suger, conseiller de Louis VII, lui donne ses lettres de noblesse lorsqu'il l'adopte vers 1130 pour la basilique de Saint-Denis dont il est l'abbé. Il identifie en effet l'architecture nouvelle à une conception nouvelle du sanctuaire. Celui-ci au lieu de délimiter un espace soigneusement clos doit accueillir la lumière que Suger considère comme le lien parfait entre l'homme et Dieu. Le sanctuaire, symbole de la foi, ne doit pas être comme replié sur lui-même mais au contraire largement ouvert comme dans un acte d'action de grâce. C'est là la théorie fondamentale de cet art que la Renaissance a qualifié de « gothique », c'est-à-dire de barbare. En fait, il vaudrait mieux l'appeler l'art français car c'est au cœur du domaine capétien qu'il a trouvé la perfection de ses formes et ses étapes ont coïncidé avec les progrès de la monarchie. Son origine et son évolution étant bien connues, il est plus facile d'en dégager les caractéristiques que celles de l'art roman.

L'art gothique recherche d'abord l'équilibre et la lumière ; il résout ces deux problèmes, ce que n'avait pu faire l'art roman. Comme ce dernier, c'est aussi un art d'architecte, mais là, le maître-d'œuvre cherche à se faire oublier en réduisant la part de la matière par rapport aux surfaces et aux volumes, préoccupation combien moderne. On n'en est d'ailleurs pas arrivé là d'un coup. Notre-Dame de Paris, édifiée de 1163 à 1220, est le premier édifice gothique de dimensions considérables mais l'équilibre en est encore précaire : il faut renforcer le chœur et la nef par de multiples arcs-boutants. En outre, l'existence de tribunes, l'étroitesse des fenêtres hautes — limitées en plus vers le bas par la présence d'une galerie ou triforium — ne permettent qu'un éclairage insuffisant. A Chartres, entre 1194 et 1250, les arcs-boutants d'un expédient technique deviennent un élément décoratif pendant que la suppression des tribunes permet de résoudre le problème de l'éclairage intérieur. L'éclairage est encore amélioré à Saint-Denis vers 1245 puis à Amiens par le percement du triforium. En même temps, les voûtes sont de plus en plus élevées : elles passent de 30 m à Notre-Dame de Paris à 43 m à Amiens pour atteindre 48 m à Beauvais où elles s'écroulent en 1284. L'impression de hauteur est accrue par la prédominance des lignes verticales ; peu marquée à Notre-Dame de Paris, elle devient systématique à Reims et à Strasbourg.

Cette recherche d'un équilibre de plus en plus savant, d'une luminosité toujours plus grande, tourne bientôt à la virtuosité. Si cette recherche est justifiée à la Sainte-Chapelle de Paris où les reliques qui y sont conservées doivent être bien vues de tous, elle aboutit à la fin du XIIIe siècle à des édifices sévères comme Saint-Urbain de Troyes : c'est le gothique rayonnant.

Les architectes gothiques ont utilisé à peu près les mêmes plans que leurs prédécesseurs ; les décorateurs ont mis en valeur les mêmes parties des édifices et ont eu le même souci éducatif que les artistes romans, mais des thèmes nouveaux apparaissent ainsi que de nouvelles façons de les traiter. Les fresques sont plus rares car la surface murale est réduite ; les vitraux, en revanche, sont de plus en plus nombreux ; purement décoratifs ou occupés par des personnages de grande taille sur les fenêtres hautes, ils se divisent en séries de scènes historiées plus près des yeux. Les verrières, remarquables à Chartres, Bourges, Le Mans, deviennent l'élément essentiel à la Sainte-Chapelle de Paris.

La sculpture demeure comme naguère dans la dépendance de l'architecture mais elle tend à s'en libérer. Désormais, les sculpteurs se désintéressent quelque peu des chapiteaux perdus au sommet des hauts piliers et de volume trop réduit : un décor végétal, de plus en plus réaliste, les orne généralement. En revanche, ils consacrent tous leurs soins aux porches de la façade et à ceux du transept, tout aussi importants (Chartres) et à la façade elle-même. Ils trouvent leur inspiration moins dans l'Apocalypse que dans l'Evangile, ils cherchent surtout à établir une correspondance entre l'Ancien et le Nouveau Testament. Ils insistent moins sur la majesté divine que sur le sens de l'humanité de Dieu. Ils en arrivent ainsi à un véritable humanisme qui rappelle le classicisme antique et comme lui revêt un caractère universel (le *Beau Dieu* d'Amiens, la *Synagogue* de Strasbourg). Ce passage du hiératisme au réalisme s'accompagne d'une libération progressive de la statuaire par rapport à l'édifice proprement dit. Alors que les statues du « Portail royal » de Chartres sont encore engagées dans la masse des colonnes, à Reims, à Amiens ou à Strasbourg, elles en sont totalement indépendantes au point que leurs répliques peuvent figurer dans les musées en l'absence de leur cadre architectural. En même temps, la décoration n'est plus exclusivement religieuse ; ces indices d'une laïcisation de l'art apparaissent dans les « galeries des rois » qui ornent mainte façade et dans la place toujours plus grande que tient sur les vitraux le portrait des donateurs.

Hors de l'Ile-de-France, l'art gothique connaît un succès qui s'étend bien au-delà des limites du royaume. Mais, nulle part, il n'est l'objet d'une imitation servile. Tantôt, les traditions locales demeurent vivaces : on a voulu voir dans les voûtes bombées de l'Anjou, le souvenir des coupoles romanes ; dans le Midi, les ouvertures sont moins nombreuses, le souvenir récent de la lutte contre les Albigeois donne aux sanctuaires une allure de forteresse : telle Sainte-Cécile d'Albi à qui l'emploi de la brique confère une originalité supplémentaire. Tantôt, les ordres religieux ont modifié le schéma traditionnel pour mieux répondre aux exigences de leur règle : les cisterciens recherchent l'austérité jusque dans le plan caractérisé par un chevet plat ; les dominicains, ordre de prêcheurs, construisent — sauf à Toulouse — des églises à nef unique où la voix porte mieux. L'art gothique gagne en même temps vers le nord ; l'Angleterre, l'Allemagne et la Scandinavie ; vers le sud, l'Espagne plutôt que l'Italie où va souffler l'esprit de la Renaissance. Le magistère que la France exerce dans le domaine des arts sur presque toute l'Europe s'étend aussi à la vie intellectuelle.

3. **Les Universités et la vie intellectuelle.** — Au XIe siècle, la vie intellectuelle se réfugie encore à l'ombre des cloîtres. Mais les écoles monastiques se bornent à maintenir l'indispensable, elles ne cherchent pas à innover. Les « arts libéraux » que l'on y enseigne sont groupés en deux cycles : le *trivium*

(grammaire, rhétorique, dialectique) et le *quadrivium* (arithmétique, géométrie, musique, astronomie) ; ils ont seulement pour but de former de bons clercs, à la fois prêtres instruits et administrateurs compétents. Ces écoles, loin du monde, manquent du contact nécessaire avec la réalité vivante. Cet isolement est encore accru lorsqu'au début du XIIe siècle, l'idéal monastique réside plus dans la recherche de Dieu par le sentiment affiné par une vie ascétique que dans la compréhension de la divinité par la réflexion. Si certains foyers monastiques comme celui du Bec, en Normandie, réussissent à évoluer, les autres ne cherchent nullement à lutter avec leurs concurrentes : les écoles épiscopales. Celles-ci, installées dans les villes où se fait la synthèse d'un monde en expansion, au carrefour de toutes les influences, connaissent un grand succès à Angers, Tours, Orléans, Chartres surtout, dont l'école, déjà célèbre au temps de l'évêque Fulbert au début du XIe siècle, connaît son apogée au milieu du XIIe siècle. Mais à ce moment, l'école de Paris est déjà la plus célèbre. Le *trivium* et le *quadrivium* deviennent le point de départ d'études nouvelles ; les grands classiques ne sont plus seulement un moyen d'apprendre le latin, ils deviennent objets d'étude en eux-mêmes ; saint Bernard, tout hostile qu'il leur soit, reflète leurs œuvres dans son style. Les contacts, favorisés par les pèlerinages et les croisades, avec l'Italie puis le monde arabe, qui tous deux ont su sauvegarder le legs antique, amènent l'essor de nouveaux domaines de recherche. Ce sont d'abord les mathématiques qui, enseignées brillamment à Chartres, profitent tant aux musiciens qu'aux architectes ; ensuite, la médecine, illustrée surtout en Italie mais aussi à Montpellier dès le début du XIIe siècle.

A Paris, c'est la philosophie qui l'emporte. A l'aide du peu qu'ils connaissent de la philosophie grecque, quelques maîtres qui enseignent en dehors de l'école épiscopale, sur les pentes du « Quartier latin », veulent appliquer le raisonnement et la logique là où l'autorité de l'Ecriture et des Pères n'apporte pas une réponse suffisante. Avant 1150, éclate la querelle toute platonicienne des « universaux » : les « idées » ont-elles une existence réelle ? Ce que soutient une majorité de « réalistes », ou bien ne sont-elles que des mots comme l'avancent les « nominalistes » ? Face au mysticisme de saint Bernard, Abélard (1079-1142) affirme la toute-puissance de la raison : grâce à la seule dialectique, il apporte une solution nouvelle au problème des « universaux ». Ses adversaires le contraignent au silence mais il a eu le temps d'apporter une nouvelle façon rigoureuse de raisonner : la scolastique. Bientôt, les maîtres parisiens appliquent les méthodes rationnelles à l'étude de la théologie. On est loin de l'enseignement traditionnel des écolâtres cathédraux qui prétendent pourtant se réserver le monopole de la collation des grades.

Contre l'autorité épiscopale, maîtres et élèves se liguent en une sorte de « commune », en 1209, ils font appel au Saint-Siège. Ce dernier, qui tient à assurer lui-même le contrôle de la pensée, ne ménage pas son appui : en 1215, il intime au chancelier épiscopal l'ordre de conférer les grades à ceux qui en auront été jugés dignes par leurs maîtres ; en 1231, il reconnaît l'existence légale de l' « Université » qui reçoit bientôt son sceau. En même temps, toujours grâce à l'appui pontifical, l'Université naissante échappe au pouvoir temporel : en 1200, puis en 1231 à la suite d'une grève accompagnée d'un exode à Orléans, l'autorité royale renonce à exercer sa juridiction sur les universitaires. L'autorité apostolique espérait ainsi que l'Université, libérée des contraintes locales, l'aiderait à maintenir l'orthodoxie : c'est dans ce but que, dès 1229, elle avait fondé de toutes pièces l'Université de Toulouse. Mais cette soumission ne dure guère, la découverte de nouvelles œuvres d'Aristote et surtout de son commentateur arabe Averroès rend la conciliation de plus en plus difficile entre la théologie traditionnelle et la philosophie nouvelle. La papauté, pour tenter cette conciliation et limiter la diffusion des idées jugées dangereuses, accorde un soutien de plus en plus marqué aux ordres mendiants, qui lui sont tout dévoués, et dont les maîtres enseignent à Paris depuis 1230. L'Université refuse cette tutelle comme elle avait repoussé les autres : en 1252, elle décide de n'accorder qu'une chaire aux Mendiants ; la querelle marquée encore par des grèves prend fin en 1257 sur une médiation de saint Louis. L'Université de Paris est dès lors suffisamment indépendante de Rome pour accorder au début du XIVe siècle son appui à Philippe le Bel dans sa lutte contre Boniface VIII.

Depuis la première moitié du XIIIe siècle, l'Université de Paris est un corps bien organisé. Les étudiants, qui ont tous reçu les ordres, majeurs ou mineurs, sont groupés en « nations ». Ils suivent d'abord le cycle des Arts (*trivium* et *quadrivium*), puis ils peuvent rester à la Faculté des Arts s'ils se consacrent à la philosophie, ou passer dans les Facultés de Décret (droit), de Médecine ou de Théologie. Les professeurs de chaque faculté élisent un doyen. Le doyen de la Faculté des Arts, qui a le plus d'étudiants, représente l'Université : c'est le Recteur. Le monde universitaire a sa langue propre : le latin, son écriture aussi, la cursive. Mais il ne dispose pas de locaux particuliers, du moins au début : les maîtres enseignent chez eux, les étudiants logent chez l'habitant. Pour leur éviter des frais, on crée en leur faveur, à l'exemple du chapelain de saint Louis, Robert de Sorbon, des « collèges », ancêtres de nos cités universitaires.

Le magistère intellectuel de Paris s'étend alors à l'Europe entière. Les penseurs de tous pays — dominicains ou franciscains pour la plupart — s'y donnent rendez-vous. On y rencontra l'Italien Bonaventure, l'Anglais Robert de Halès, l'Allemand Albert de Bollstadt. Mais le plus célèbre d'entre eux est Thomas d'Aquin (1225-1274) qui s'efforça à travers une œuvre considérable et inachevée de concilier la foi et la raison. Œuvre durable puisque de nos jours le « thomisme » est resté la philosophie officielle de la religion catholique. Son effort, pourtant, était prématuré, ses élèves ne surent pas faire à la foi une part aussi belle qu'à la raison. Les uns, inquiets, se refugièrent dans le mysticisme, les autres, comme Siger de Brabant, ne virent qu'une solution : séparer les choses de la foi des choses de la science, domaine de la raison.

Nous avons déjà noté plus haut un début de laïcisation de l'art, nous venons d'assister à un premier divorce entre la foi et la raison, la même époque voit naître une culture profane. La littérature a sensiblement évolué depuis les chansons de geste, première œuvres composées en langue vulgaire et en dehors de l'Eglise, mais encore orales et rudimentaires. La littérature courtoise est déjà plus raffinée ; rédigée, elle est destinée à un public qui sait lire. Certes, elle doit ses premiers thèmes choisis dans l'Antiquité *(Roman de Thèbes, Roman d'Alexandre)* à des clercs ; mais la « matière de Bretagne », qui triomphe à la fin du XIIe siècle, emprunte en partie ses sujets et son atmosphère au vieux fond celtique. Si Chrétien de Troyes est un clerc, des laïques s'essaient à rimer, dans le Midi d'abord, puis dans la France du Nord.

Au XIIIe siècle, la littérature se diversifie. L'aristocratie se passionne pour des épopées qui narrent les exploits dont elle rêve vainement *(Chanson de Jérusalem, Berthe au grand pied, Huon de Bordeaux)*. Ou bien elle se complaît dans la lecture de romans interminables, alourdis par la symbolique *(Lancelot du Lac)* ou par l'allégorie (première partie du *Roman de la Rose*). L'histoire apparaît sous la forme de récits d'actualité qui sont tantôt des plaidoyers comme chez Villehardouin, tantôt des panégyriques comme chez Joinville. La bourgeoisie se donne sa propre littérature. Les fabliaux ne sont pas spécialement son œuvre car on y raille autant les marchands que les princes ou les vilains. Mais on lui doit le théâtre qui, d'abord moyen d'expression liturgique, quitte bientôt l'église pour la place publique. Avec Adam de La Halle, dans la seconde partie du XIIIᵉ siècle, on le voit se consacrer à la peinture ironique de la société.

Les ouvrages pseudo-encyclopédiques, tels les *Specula* de Vincent de Beauvais ou l'*Image du monde* de Gossouin, sont peut-être plus révélateurs de l'esprit nouveau : ils prétendent donner à chacun une lumière de tout. Toutefois, l'ouvrage le plus significatif est certainement la seconde partie du *Roman de la Rose*. Alors que Guillaume de Lorris avait entrepris une œuvre traditionnelle, encore que la finesse de la psychologie perçât souvent sous l'allégorie excessive, son continuateur, Jean de Meung, après 1270, en 18 000 vers, en fait un roman satirique et didactique. Chez lui, l'étude des sentiments amoureux fait place à la critique sociale, à l'éloge de la nature et de la raison.

Au XIIIᵉ siècle, plus exactement au milieu du siècle, la France connaît une période d'équilibre et de prospérité. Cela se traduit par une civilisation brillante dont le rayonnement s'étend sur toute l'Europe... Mais comme il est vrai qu'il n'y a pas en histoire de « période » en soi, que chacune d'elles porte en même temps les traces des siècles écoulés et les germes de l'époque à venir, nous avons vu apparaître, ici ou là, les signes de la fin du Moyen Age.

Chapitre III

LA FIN DU MOYEN AGE
(XIVe-XVe siècles)

Avec le XIVe siècle s'ouvre à nouveau pour la France une période difficile. Longtemps, la guerre de Cent ans a été la manifestation la plus connue de cette crise ; à vrai dire, la guerre ne fut que l'illustration de troubles beaucoup plus profonds qui ont affecté l'économie, la société et la culture du monde occidental tout entier. En France, son ampleur fut telle que même à la fin du XVe siècle le renouveau s'amorçait à peine. Toutefois, il faut se garder de l'exagération romantique qui ne vit dans cette période que sang et larmes, voire névroses et obsessions. En fait, la crise a été marquée de nombreuses rémissions dans le temps et dans l'espace, rémissions aussitôt mises à profit soit pour reconstruire, soit pour tenter des créations originales.

I. — La crise matérielle

1. Les calamités. — Avant même que la guerre de Cent ans ne commence vraiment ses ravages, la population, déjà affaiblie et décimée par de graves famines, connaît de terribles épidémies qui font des victimes innombrables.

Dès la fin du XIIIe siècle, sous la pression d'une population toujours plus abondante, l'agriculture a atteint les limites extrêmes de ses possibilités : en effet, gagner des terres nouvelles était le seul moyen d'accroître la production à une époque où il n'était guère possible d'augmenter les rendements. Or les défrichements cessent peu à peu, d'abord dans le Nord, puis dans le Midi où l'essartage est encore actif dans le Dauphiné vers 1350, pendant qu'en Aquitaine l'on crée des bastides jusqu'en 1370. Sur les terroirs les plus riches, les forêts et les terrains de parcours ont disparu et avec eux la possibilité d'élever un bétail suffisant. Ailleurs, les sols moins riches, après quelques bonnes moissons, se sont épuisés rapidement, l'absence d'engrais ne permet pas de les régénérer. Sur les sols les plus pauvres, enfin, on n'avait jamais obtenu que des résultats médiocres : c'est le cas des paroisses aujourd'hui disparues, créées à grand-peine sur les collines du Perche entre Alençon et Mamers. Peut-être aussi l'effort de mise en valeur des trois siècles précédents fut-il compromis par une détérioration des conditions climatiques. Partout on est à la merci d'un hiver trop rigoureux ou surtout trop humide. C'est ce qui se produit dans la France du Nord en 1314, 1315 et 1316, il s'ensuit une famine brutale : à Bruges et à Ypres, la mortalité décuple par rapport aux chiffres habituels. Ce n'est pas la dernière, d'autres, plus ou moins étendues, se produisent en 1368, 1373-1375 (surtout dans le Sud-Ouest), 1408, 1437-1439. Entre-temps, éclatent des disettes locales que les régions voisines ne peuvent enrayer faute de stocks suffisants, de moyens de transport, faute aussi de bonne volonté dans la crainte de se démunir. Les causes de ces disettes sont innombrables : mauvaise récolte, pillage des gens de guerre ou tout simplement un gel prolongé qui entrave le fonctionnement des moulins. Même lorsque la nourriture est suffisante, elle est mal équilibrée : l'absence d'aliments frais, l'excès de féculents et de viande salée affaiblissent les organismes de façon chronique.

L'épidémie trouve alors un terrain favorable ; une hygiène déplorable, des méthodes thérapeutiques inefficaces sinon inexistantes ne peuvent l'endiguer.

C'est en vain que les foules s'en prennent aux juifs ou aux lépreux. En décembre 1347, la peste, amenée d'Asie par quelque navire génois, apparaît dans le Midi, de là, inexorable, sous sa triple forme, bubonique, pulmonaire et intestinale, elle s'étend à tout le royaume et à l'Europe entière qu'elle ravage pendant deux ans pour réapparaître épisodiquement en 1361, 1374 et 1431. Ses victimes sont innombrables ; l'on est naturellement amené à penser qu'elles furent plus nombreuses dans les villes par suite de la promiscuité que dans les campagnes et qu'elles se comptèrent plutôt parmi les pauvres que parmi les riches mieux nourris. Le village de Givry, en Bourgogne, perd alors 649 habitants sur un total de 1 200 à 1 500. Des villes de Provence comme Riez, Forcalquier ou Apt sont dépeuplées aux quatre cinquièmes. Au total, il semble que la France ait alors perdu le tiers sinon la moitié de sa population. Certaines régions pourtant sont épargnées, ainsi, aux frontières du royaume, le Hainaut et le Brabant : ce ne sont pas forcément des régions isolées. A la peste succèdent la coqueluche comme à Paris en 1414 et en 1427 ou la variole en 1438, moins meurtrières peut-être mais qui affaiblissent la population et désorganisent l'économie.

La guerre, enfin, ajoute à ces calamités ses ruines et ses deuils. Pas plus que la famine ou la maladie, ce n'est une inconnue mais elle revêt désormais une ampleur nouvelle. Le prétexte en est banal. A la mort de Philippe le Bel (1314), ses trois fils régnèrent successivement car chacun d'eux n'avait que des filles. A la mort du dernier en 1328, une assemblée de barons confie la couronne à Philippe de Valois, cousin germain en ligne masculine des derniers Capétiens, et écarte la candidature du roi d'Angleterre Edouard III, fils de la sœur du roi défunt, sous le prétexte discutable à l'époque qu'une femme ne peut transmettre de droits à la couronne. Bientôt Philippe VI reprend la politique capétienne traditionnelle et s'efforce d'arracher à Edouard III son fief de Guyenne. Ce dernier, pour sauver son fief, en vient à contester la légitimité de son seigneur et bientôt revendique la couronne. En 1337, la guerre éclate.

Ce sera une guerre longue car chacun paraît sûr de son droit ; ce sera aussi une guerre longue parce qu'elle aligne des effectifs trop faibles — jamais plus de 40 000 hommes — pour qu'aucune défaite aussi retentissante et meurtrière soit-elle ne puisse empêcher le vaincu de trouver aussitôt de nouveaux effectifs. Mais elle sera marquée de trêves longues et nombreuses car si l'on trouve toujours des combattants, l'argent vient vite à manquer, il faut alors refaire ses forces. Jusqu'en 1360, en dépit des défaites de Crécy (1346) et de Poitiers (1356) (sauf en Bretagne où se déroule une sanglante guerre de succession), les ravages sont encore limités : la guerre se résout à de « grandes chevauchées » qui détruisent tout sur leur passage, mais ne font que passer. Leurs dégâts sont donc limités à d'étroits couloirs. La persistance de l'état de guerre rend inefficace le système féodal de l'ost ; chacun de plus en plus fait appel à des mercenaires indigènes ou étrangers, Italiens ou Espagnols pour la plupart, coûteux mais redoutables. La paix de Brétigny, en 1360, fait de ces « routiers » des chômeurs. Réunis en « grandes compagnies » bien organisées, ils poursuivent leurs activités pour leur propre compte : la guerre devient alors diffuse mais omni-présente. Ils n'épargnent aucune province, aucune ville, à moins qu'elle ne leur verse une véritable rançon ; en avril 1362, ils écrasent même à Brignais une armée royale qui tentait de mettre fin à leurs excès.

Lorsque les hostilités reprennent, si les Anglais demeurent fidèles à leur tactique des chevauchées, Charles V et Du Guesclin, faute de moyens, leur opposent la tactique de la terre brûlée et la guerre de partisans ; embuscades et représailles se succèdent. La population des campagnes se réfugie alors dans les villes fortes où son afflux compense les ravages de la peste. Au début du xve siècle, à la suite de l'assassinat du duc d'Orléans en 1407, puis de son meurtrier le duc de Bourgogne Jean sans Peur en 1419, la guerre civile entre Armagnacs et Bourguignons s'ajoute aux hostilités franco-anglaises et aux exploits des mercenaires pour transformer la zone comprise entre la Somme et la Loire en un vaste champ de ruines. Même lorsque les Français se seront réconciliés par la paix d'Arras de 1435, il leur faudra subir encore les « Ecorcheurs » et libérer le royaume de l'étranger pendant que la noblesse rétive au pouvoir royal entretiendra une agitation latente.

Pour estimer le poids de la guerre sur le pays, il ne faut pas trop se fier aux doléances des victimes ou aux récits des chroniqueurs ; mais il ne faut pas non plus oublier d'y ajouter les dépenses entraînées par les campagnes militaires et surtout par les fortifications. Ces dernières, de plus en plus efficaces tant que l'artillerie est encore rudimentaire, mobilisent une main-d'œuvre considérable et grèvent lourdement et de façon durable les finances urbaines aux dépens d'investissements plus utiles.

97

Après un siècle de calamités, de troubles et de ravages, le bilan des pertes est particulièrement lourd : le Bordelais a perdu près du tiers de ses églises paroissiales, la Normandie de 1 500 000 habitants environ en 1300 n'en compte plus que 500 000 en 1450.

Surtout, la persistance de l'état de guerre jointe au caractère chronique des épidémies au-delà des ravages immédiats a dû compromettre gravement chez les contemporains la confiance en l'avenir et a dû les inciter à se contenter de vivre au jour le jour.

Mais ces famines, ces épidémies, ces guerres qui ne sont le privilège ni de l'époque ni du Moyen Age apparaissent comme les manifestations extrêmes et spectaculaires d'une grave crise qui affecte à la fois l'économie et la société.

2. La crise de l'économie. — La désorganisation profonde de l'économie au XIVᵉ et pendant la majeure partie du XVᵉ siècle est plus durable et plus généralisée dans ses effets que les calamités les plus célèbres qui, au fond, n'en sont souvent que les conséquences aggravantes.

Cette désorganisation est d'autant plus difficile à étudier que l'économie est déjà très complexe, que les contemporains ont eu rarement conscience des causes véritables des problèmes qu'ils avaient à résoudre et que des reprises, limitées dans le temps et dans l'espace, viennent atténuer. La crise des subsistances, que nous avons déjà vue, se double d'une famine monétaire tout aussi aiguë. Depuis un moment déjà le bon fonctionnement de l'économie exigeait une masse croissante de numéraire. Ces exigences augmentent encore au XIVᵉ siècle : il faut de l'argent pour payer une administration qui s'alourdit en se perfectionnant, pour solder des mercenaires de plus en plus nombreux et exigeants, pour satisfaire le luxe des cours qui se multiplient avec le morcellement de l'autorité monarchique. Pour trouver cet argent, le roi et les princes multiplient les taxes : le système de la ferme en diminue le rendement et ces taxes souvent indirectes frappent plus l'activité économique que les fortunes. Au même moment, les vieilles mines du Poitou et du Centre s'épuisent pendant que l'arrivée de l'or oriental est perturbée par les migrations mongoles et turques. La carence s'aggrave encore lorsque les victoires anglaises s'accompagnent d'importants transferts de métal précieux outre-Manche sous forme de butin ou de rançons. Le pouvoir central en est réduit soit à diminuer la quantité de métal précieux entrant dans la composition des monnaies, soit à frapper davantage de pièces avec la même quantité d'or ou d'argent, soit tout simplement à surévaluer la valeur des pièces mises en circulation. De « remuement » en « décri », la livre tournois perd bientôt 80 % de sa valeur. Dans un moment difficile, de novembre 1358 à mai 1360, il n'y eut pas moins de 22 mutations. La détérioration de la monnaie se précipite lorsque au début de son règne Charles VII fait de la dévaluation une arme économique pour ruiner les finances anglaises. D'autre part, princes et souverains multiplient les emprunts aux banquiers italiens qui ne peuvent guère les refuser mais qui n'échappent pas non plus à des faillites retentissantes. Enfin, le système monétaire qui repose sur le bimétallisme, c'est-à-dire l'emploi simultané de l'or et de l'argent, est vicié par des modifications très complexes du rapport de valeur entre ces deux étalons.

Quoi qu'il en soit, les métaux précieux étant en quantité insuffisante, le prix des matières premières, en valeur réelle, a tendance à baisser. Cette baisse — sauf en période de disette où se produisent de brusques flambées de prix que guettent les spéculateurs — atteint en particulier les céréales, produit essentiel de l'agriculture. En effet, il y a maintenant suffisamment de terres libres à la suite des grandes mortalités pour que l'on consacre seulement les meilleures d'entre elles aux emblavures, d'où une hausse des rendements à un moment où le marché est réduit faute de consommateurs. En revanche, la pénurie de main-d'œuvre due à la diminution démographique entraîne une hausse des salaires que Jean le Bon tente en vain d'enrayer par ordonnance dès 1351. Si bien que seuls les prix des produits où la part de la main-d'œuvre est considérable depuis le vin jusqu'au drap ont plutôt tendance à monter, mais pour trouver des acheteurs en ces temps difficiles, on est obligé de réduire la marge bénéficiaire. Par conséquent, que ce soit à la campagne ou à la ville, la tendance est plus à la contraction qu'à l'expansion.

En plus de cette dépression commune à toute l'Europe,

la France souffre d'être désertée par le grand commerce. Cette désaffection est déjà sensible avant que le pays soit livré à la guerre. Les deux pôles essentiels demeurent comme au XIIIᵉ siècle la Flandre et l'Italie, mais, pour se rendre de l'un à l'autre, les marchands suivent des routes nouvelles. Les uns utilisent les liaisons maritimes régulières qui unissent Gênes à Bruges depuis 1298. Cette voie maritime a du moins l'avantage d'éveiller au commerce les côtes françaises de l'Atlantique : marins gascons et bretons participent à ce fructueux commerce de transit. Les autres routes, qui passent à l'est, hors du royaume, gagnent la vallée du Rhin par les cols alpestres du nord, surtout après l'aménagement de la route du Saint-Gothard. Les foires de Champagne, lieux de rencontre, deviennent également inutiles du jour où les Italiens ouvrent des comptoirs dans les centres flamands. La guerre peut amener aussi des bouleversements de l'économie : la draperie flamande connaît une grave crise lorsqu'elle ne peut plus se procurer la laine anglaise ; le Bordelais est au bord de la ruine lorsque, après 1450, la reconquête française le sépare de son marché anglais traditionnel. Les causes les plus variées peuvent engendrer des difficultés locales : l'activité de la basse vallée du Rhône est en déclin à partir du moment où la papauté d'Avignon lors du Grand Schisme ne représente plus qu'une partie de la chrétienté ; Paris, où le roi ne réside plus après 1420, a ensuite bien du mal à retrouver sa prospérité d'antan. Même à cette époque les fluctuations de la mode ont leur importance : il est certain que la substitution des vêtements courts en toile aux lourdes robes de drap a eu de graves répercussions dans l'industrie flamande. Ainsi tout paraît se liguer pour paralyser l'économie française.

II. — La crise de la société

1. **Paysans et citadins.** — Si les campagnes souffrent peut-être moins des famines et des épidémies que les villes, en revanche, il en est peu que la guerre épargne. Pillages et incendies s'ajoutent aux troubles causés aux âmes simples par les grands bouleversements pour susciter des explosions de colère ou de désespoir. L'insurrection flamande de 1323-1328 eut surtout la misère pour moteur mais la célèbre Jacquerie de 1358 fait en partie écho au

désarroi qui a suivi la capture du roi à Poitiers et aux troubles parisiens. En 1380, les mouvements qui éclatent un peu partout dans le Languedoc, en Provence, dans la région parisienne sont l'illustration d'une crise à son paroxysme.

Cependant cette crise a eu des effets bénéfiques pour les paysans qui lui ont survécu, c'est pourquoi les révoltes se font ensuite de plus en plus rares.

Les survivants profitent de la crise de la main-d'œuvre : les propriétaires pour assurer la mise en valeur de leurs terres se livrent à des surenchères qui rappellent l'époque des grands défrichements. Comme à cette époque et plus encore, les seigneurs ont besoin d'argent pour s'équiper, payer leur rançon ou simplement ne pas déchoir. Ainsi les paysans peuvent-ils les uns acheter leur liberté, les autres obtenir un allégement de leurs charges. Au sud de la Loire, le métayage s'étend sans que l'on en voit bien les motifs. Au nord, le fermage, plus libéral, est le mode de tenure le plus usité : les baux sont de longue durée si le propriétaire veut attirer un fermier pour qu'il remette en culture une terre dévastée ; les concessions sont à court terme si le bailleur songe plutôt à adapter le loyer à l'évolution des prix et des monnaies. Cette amélioration toute relative de la condition paysanne est surtout sensible dans les régions où vignoble et élevage tiennent une place importante, ailleurs. elle se marque moins en raison de la baisse quasi constante du prix des céréales ; partout elle est freinée par le développement de la fiscalité royale qui prend le relais du prélèvement seigneurial.

Les villes connaissent une crise plus grave. Certes, l'afflux des paysans à l'abri de leurs murailles compense les ravages causés par la faim et la maladie mais il est difficile de fournir à tous du travail à un moment où le marché est particulièrement étroit. Les difficultés économiques se traduisent alors par des antagonismes sociaux. L'opposition entre le prolétariat et la bourgeoisie avait éclaté en Flandre dès 1280, elle y demeure latente pendant tout le XIVe siècle, prenant comme prétexte tantôt les salaires insuffisants, tantôt une mauvaise gestion municipale. Ailleurs, les conflits suivent soit les grandes calamités naturelles soit les désastres militaires comme à Paris de 1356 à 1358.

La lutte contre le patriciat n'est pas conduite par les plus pauvres, incapables de s'organiser, mais par les corporations d'artisans ou « métiers » plus cohérentes. Leurs chefs, même, sont le plus souvent de grands bourgeois idéalistes ou ambitieux : les Artevelde à Gand, Etienne Marcel à Paris. En Flandre, les métiers réussissent à limiter les privilèges du patriciat, non sans mal car ils sont parfois animés entre eux de haines farouches comme celle qui oppose à Gand les foulons aux tisserands. Dans les autres villes, ils n'obtiennent guère de résultats soit parce qu'ils sont moins nombreux qu'en Flandre, soit parce que la crise y est moins aiguë : à Metz, le patriciat instruit par la révolte de 1326-1327, s'ingénie à diviser les corporations puis met fin à leur autonomie en 1366 et 1382. Là où l'autorité royale demeure effective, le calme ne cesse de régner.

La crise économique n'en demeure pas moins qui frappe aussi bien les grands marchands que les petits artisans. Parmi les premiers, quelques-uns cherchent dans la guerre les revenus que le commerce ne leur fournit plus, d'autres achètent des terres, ils se rapprochent ainsi de la noblesse mais exploitent leurs terres avec un sens très aigu du profit, la terre ne doit pas être seulement ce qui anoblit mais aussi ce qui enrichit. En Flandre, les grands marchands drapiers fuient les villes où les métiers exigent des sommes trop élevées pour fabriquer des produits de qualité qui ne se vendent pas à cause de leur prix ; ils s'installent dans les campagnes où une main-d'œuvre moins expérimentée, moins exigeante aussi, produit des tissus de qualité commune mais de prix abordable. La crise ne frappe pas toute les activités de la même façon : le grand commerce flamand vers l'Europe du Nord demeure très actif et il est paradoxal de constater qu'en ces temps difficiles les métiers de luxe ne sont pas les plus touchés, en effet, les cours princières, en dépit de tout, demeurent des clientes fidèles qui assurent la prospérité des orfèvres parisiens comme des tapissiers d'Arras.

Par conséquent, quelle qu'ait été l'ampleur des difficultés, jamais elle n'a permis au peuple des campagnes ou aux foules des villes de présenter vraiment un front commun de revendications.

2. La noblesse. — La classe dirigeante est fortement touchée elle aussi par la crise. Peut-être les fléaux naturels la frappent-ils moins que le menu peuple, c'est un avantage illusoire puisqu'il aboutit à accroître la proportion des nobles par rapport à ceux qui les entretiennent grâce aux cens et aux taxes qu'ils leur versent.

Le produit de ces cens et de ces taxes est d'ailleurs bien diminué : les terres les plus pauvres ou les plus foulées par la guerre sont retournées à la friche et ne rapportent plus rien ; les autres ne sont que d'un faible rapport car l'évolution des loyers ne suit pas celle du désordre monétaire. Quant aux autres taxes, ou bien il n'y a plus personne pour les payer — les villages déserts sont nombreux — ou bien il faut en exempter les survivants de crainte de les voir partir ailleurs. On n'a même plus la ressource de faire entrer les cadets dans l'Eglise car là aussi, nous le verrons, les revenus des bénéfices et des prébendes ont beaucoup diminué.

Reste la guerre, mais c'est une source de revenus aléatoires. Il faut d'abord pouvoir s'équiper : l'armure à l'épreuve de la flèche ou du carreau d'arbalète coûte très cher, que dire alors de l'artillerie ou d'un château susceptible de résister à un véritable siège ? Ensuite, si l'on ne risque guère d'être tué — le massacre d'Azincourt est une exception — la capture, en revanche, expose à une lourde rançon. Certaines furent célèbres : celles de Charles de Blois ou de Jean le Bon, toutes furent lourdes de conséquences, beaucoup acculèrent des familles entières à la ruine. Le pillage, s'il rapporte gros sur notre sol à maint chevalier anglais, ne peut enrichir un Français qu'aux dépens d'un autre. Finalement, la guerre est surtout bénéfique pour des aventuriers partis de peu ou des mercenaires étrangers qui ont en vue plus leur intérêt que celui d'un quelconque souverain : si l'on veut faire fortune à la guerre mieux vaut être brigand que vassal loyal ou sujet fidèle !

Les défaites subies par les chevaliers français devant les archers et les coutilliers anglais ajoutent à cela une grave crise de confiance très sensible à partir de 1350 : la noblesse n'apparaît plus au peuple comme capable de la protéger, on met alors en doute son rôle de cadre naturel de la nation. Ceci est d'autant plus sensible que sur le plan local les événements mettent souvent fin aux relations étroites qui unissaient la communauté villageoise à une dynastie seigneuriale implantée là depuis des générations.

Des lignages entiers sont emportés par la tourmente, au hasard des défaites ou de la reconquête, ceux qui ont collaboré avec l'adversaire sont remplacés par de nouveaux seigneurs jugés plus sûrs par leurs princes ; ceux qui se sont ruinés vendent leurs biens à des nobles plus heureux ou à des bourgeois à la recherche de placements sûrs, inconnus les uns comme les autres de leurs dépendants dont ils songent seulement à tirer le plus d'argent possible : de « paternaliste », la seigneurie devient purement économique. Les droits féodaux que les paysans paient à leurs seigneurs en échange de sa protection n'apparaissent donc plus que comme des « privilèges ». Le pouvoir royal finit par tirer parti de cette désagrégation du cadre seigneurial qui affaiblit la noblesse dont les membres seront alors bien heureux de trouver de nouvelles ressources en servant le roi. Mais, jusqu'au milieu du XVe siècle, la monarchie connaît elle-même de graves difficultés.

3. La monarchie. — La chance qui avait paru toujours favoriser les Capétiens semble abandonner les Valois. A la crise dynastique qui suit la mort du dernier Capétien direct en 1328 succède la capture de Jean le Bon en 1356, enfin, de 1392 à 1420, le sceptre est aux mains d'un fou, Charles VI. La conjoncture n'est guère favorable aux médiocres : Jean le Bon, têtu et borné, eût passé en d'autres temps pour persévérant et Charles VII, velléitaire au début de son règne, pour un souverain prudent. Notons cependant que les défaites, Crécy en 1346 ou Azincourt en 1415, atteignent moins le prestige de la royauté que l'autorité morale de sa noblesse ; au contraire, elles réveillent le loyalisme monarchique et fortifient le sentiment national.

Mais au-delà des hommes, la monarchie manque aussi de moyens. Au moment où l'autorité royale touche des domaines de plus en plus variés, au moment où la guerre est de plus en plus fréquente et surtout de plus en plus coûteuse, chacun pense que le pouvoir central se doit de fonctionner comme au temps des premiers Capétiens : le roi veut-il des soldats ? Il doit d'abord faire appel à ses vassaux ; a-t-il besoin d'argent ? Il n'a qu'à vivre des revenus de son domaine. Les ressources de ce dernier sont variées : revenus de terres, de forêts, de mines, perception de droits de péage, de justice et de monnayage. Mais le domaine, aussi bien géré soit-il, ne peut pas plus à lui seul payer les dépenses du roi que le système vassalique lui fournir l'armée permanente dont il a besoin. Il faut donc avoir recours à des expédients : mutations monétaires, emprunts à des taux très élevés mais que l'on multiplie d'autant plus facilement que l'on ignore le montant exact de la dette flottante. Peu à peu, on en vient nécessairement à l'impôt considéré comme ressource extraordinaire. Ce sont les besoins de la guerre qui, chaque fois, justifient la création de taxes : à la taille ou fouage, dérivée de l'aide féodale, s'ajoutent la gabelle sur le sel créée par Philippe VI puis les aides sur les marchandises levées afin de payer la rançon de Jean le Bon. Taxes extraordinaires, en principe toujours provisoires mais qui se perpétuent non sans que les contribuables les considèrent comme illégales. Sentiment que Charles V lui-même éprouvait puisque sur son lit de mort, en 1380, il supprima les fouages. Néanmoins, la pression des événements, l'obstination des souverains font que Charles VII à la fin de son règne perçoit régulièrement des impôts extraordinaires dont le montant est trente fois supérieur aux revenus ordinaires du royaume alors que ce dernier fournissait le tiers des ressources de Charles V. Ces revenus sont suffisamment abondants pour justifier chez les contribuables — bourgeois pour la plupart — un souci de contrôle et susciter chez les princes le désir d'en profiter le plus possible. La monarchie réussit avec plus ou moins de bonheur à protéger son autorité des empiétements des uns et des autres.

Les premières difficultés financières, dues aux hostilités, donnent une autorité croissante à partir de 1340 aux assemblées d'Etats qui jusqu'alors n'avaient qu'à entériner la politique royale. Désormais, au cours de réunions fréquentes, elles ont implicitement le droit de consentir l'impôt. En 1355, les Etats de Languedoïl qui réunissent les représentants de tout le nord du royaume exigent de surveiller eux-mêmes la levée du fouage par des « élus » qu'ils désignent et de contrôler l'emploi de l'impôt. En 1357, le dauphin, futur Charles V, doit admettre au Conseil six représentants des Etats. La monarchie allait-elle connaître la même évolution que son ennemie d'outre-Manche ? En fait, dans l'immédiat, le dauphin réussit à disjoindre la coalition des mécontents, aidé en cela par les maladresses d'Etienne Marcel ; devenu roi, il revient peu à peu sur les concessions accordées lors des moments difficiles : bientôt les élus ne sont plus que de simples fonctionnaires royaux. En 1413, au plus fort de la guerre civile, l' « ordonnance cabochienne » imposée par l'émeute cherche seulement à revenir aux règles posées du temps de Charles V, l'absolutisme royal n'est même plus vraiment en cause.

Le danger présenté par les princes était sans doute plus menaçant. Il ne restait plus guère de grands fiefs, sinon, périphériques, la Bretagne, la Flandre et les grandes seigneuries pyrénéennes. Malheureusement, les souverains, fidèles à la vieille conception féodale, continuent de doter leurs cadets à l'aide d'apanages découpés dans le domaine royal. Jean le Bon confie à ses fils la Normandie, l'Anjou, le Maine, le Berry, le Poitou et l'Auvergne ; même Charles V le « Sage » aliène ainsi la Bourgogne. Chacun des princes s'entoure d'un véritable parti nobiliaire et substitue son autorité à celle du souverain, il dote son apanage des mêmes organes que la monarchie et met la main sur les impôts royaux. Des cours aussi brillantes que coûteuses apparaissent à Angers, Aix, Dijon, Moulins. Pour faire face à leurs dépenses, les princes s'efforcent d'obtenir des faveurs de leur royal parent. S'il est jeune ou malade, ils tentent de gouverner à sa place pour mieux disposer des ressources du royaume. Parfois leur ambition impatiente ou déçue les amène au complot : Charles de Navarre manœuvre Etienne Marcel, Jean sans Peur attise la révolte de 1413. Leur mainmise sur la monarchie, favorisée par la folie de Charles VI, ne va pas sans heurts : au meurtre de Louis d'Orléans en 1407 répond l'assassinat de Jean sans Peur en 1419.

Malgré tout, il ne faut pas exagérer la faiblesse de la royauté, même aux jours les plus sombres qui suivirent le traité de Troyes de 1420, au moment où le jeune Charles VII semble avoir perdu tout l'espoir que Jeanne d'Arc lui rendra. Le « roi de Bourges » contrôle encore les provinces du Centre, le Languedoc et le Dauphiné, les maisons d'Anjou et de Bourbon lui demeurent fidèles, il a même des alliés hors du royaume : les Ecossais, les Castillans. Quelles que soient les dépenses militaires, la vie de cour demeure fastueuse. Il suffira de quelques victoires pour rendre son dynamisme à l'autorité royale.

III. — La crise morale et religieuse

1. La crise morale. — On a beaucoup écrit au sujet de la crise morale à une époque où « la vie répandait l'odeur mêlée du sang et des roses » (Huizinga). En fait, on connaît mieux les excès de quelques personnages exceptionnels que les réalités quotidiennes de la plupart. Bien sûr, c'est chez les grands que les contrastes et les contradictions sont les plus frappants. Chez eux, à l'incertitude du lendemain s'ajoutent les possibilités qu'offre la fortune et la brutalité qu'engendre la vie guerrière. L'appétit de jouissance est encore aiguisé par les bouleversements qui précipitent la ruine des uns et accélèrent la promotion des autres, profiteurs ou aventuriers.

Celui-là même qui insiste pour respecter sur le champ de bataille les règles désuètes du combat chevaleresque, tue, pille et brûle ensuite sans rien respecter ni personne. Les mêmes qui fréquentent les « cours d'amour » où la femme est l'objet d'un culte tout platonique, vivent sans la moindre gêne entourés de leurs bâtards au point que le bâtard devient à cette époque un véritable type social. Le duc de Bourgogne Philippe le Bon entretint tour à tour vingt-quatre maîtresses et Charles VII fut le premier roi de France qui osât afficher publiquement sa maîtresse, la belle Agnès Sorel. A la Cour de Bourgogne, une étiquette déjà rigoureuse cherche à accroître la majesté du prince, mais à son château de Hesdin les visiteurs sont victimes de plaisanteries du goût le plus douteux. La noblesse, pourtant, tient à son idéal de chevalerie et de courtoisie, c'est pourquoi les princes s'ingénient à multiplier les ordres de chevalerie dont le plus célèbre est l'ordre de la Toison d'Or, mais les postulants les recherchent plus par souci de considération que par désir de se plier à leur règle.

Contraste aussi entre le luxe de quelques-uns et la misère du plus grand nombre. A la Cour, ce ne sont que bals parfois extravagants comme le célèbre bal des Ardents où le futur Charles VI faillit périr, tournois, tantôt simples spectacles fastueux, tantôt véritables combats dont les vaincus sont soumis à rançon, banquets enfin où se succèdent les « entre-mets » bizarres tel le fameux banquet du Faisan en 1454. Le gaspillage et le luxe ostentatoire semblent être, de toutes les « vertus » chevaleresques, celles que l'on pratique le plus volontiers. Les princes peuvent seuls s'offrir le luxe suprême d'une abondante vaisselle d'or ou d'argent ou ces magnifiques tapisseries qui servent le plus souvent à voiler l'inconfort des logis. Mais pour ceux qui ont quelque bien le vêtement est alors « le signe extérieur de richesse » le plus évident. En dépit des édits somptuaires promulgués par Philippe le Hardi qui, dès 1279, voulut limiter en fonction du rang social les frais vestimentaires, ces derniers croissent sans cesse. Au drap de jadis, on préfère de plus en plus les riches fourrures ou les toiles fines de lin et de coton, rehaussées éventuellement de brocart d'or ou d'argent. Seuls les hommes de loi et les ecclé-siastiques conservent encore la longue robe austère, les autres portent des justaucorps courts aux épaules matelassées pen-dant que des chausses gainent leurs jambes. Fantaisie des formes : le hennin allonge démesurément la silhouette fémi-nine, les souliers « à la poulaine » paraissent doter les hommes d'« ergots monstrueux ». Fantaisie des couleurs que favorise la mode des vêtements mi-partis dont une moitié est d'une couleur et la seconde d'une autre.

A côté de ceux qui s'empressent de jouir de la vie de peur de la perdre, il y a ceux qui s'efforcent de lui trouver un sens. Leur tâche est rendue plus ardue par le fait que les difficultés n'ont pas épargné non plus les guides traditionnels de l'âme et de l'intelligence.

2. La crise religieuse. — L'Eglise de France a d'abord souffert dans ses membres et dans ses biens.

Les clercs qui assistent les mourants et vivent en commu-nautés étroites offrent des victimes toutes désignées aux épidémies : à Montpellier, sur 140 moines mendiants, 133 suc-combent à la Peste noire. Les trésors des cathédrales et des abbayes sont trop tentants pour faire reculer les gens de guerre, les titres de propriété disparaissent dans l'incendie qui

Fig. 3. — La France au XVe siècle

suit le pillage. D'ailleurs, les revenus des propriétés ecclésiastiques connaissent la même baisse que ceux des biens laïques. Résultat : dans le Quercy, sur 1 000 bénéfices, 250 ne rapportent plus rien et 400 sont notoirement insuffisants ; à Toulouse, les revenus de Saint-Sernin tombent de 16 000 florins à 1 000 ; à l'abbaye de La Roche, près de Paris, en 1459, il n'y a plus de moines ; pour vivre l'abbé doit vendre les tuiles de la toiture et bientôt les vases sacrés. Pour le bas-clergé, cela se traduit par des conditions de vie difficiles : pour subsister, bien des curés doivent travailler la terre, se faire marchands ou pis encore. De nombreuses cures sont complètement abandonnées ; dans de nombreuses régions, il y a à peine un prêtre pour trois paroisses : sous-encadrement spirituel lourd de conséquences. Dans le haut-clergé, les dignitaires compensent l'affaiblissement des revenus en sollicitant plusieurs charges au lieu d'une, le cumul et la commende deviennent de plus en plus fréquents : le cardinal d'Estouteville, au milieu du xve siècle, est à la fois archevêque de Rouen, évêque de Saint-Jean-de-Maurienne, de Digne, de Béziers, abbé du Mont-Saint-Michel, de Jumièges, de Saint-Ouen de Rouen, etc.

Cette crise d'origine purement matérielle pouvait être seulement passagère, mais il y a plus. C'est d'abord le Grand Schisme. En 1378, devant l'émeute romaine, les cardinaux, Français pour la plupart, doivent élire un pape italien, mais aussitôt hors de Rome ils désignent un des leurs, Clément VII, qui revient s'installer à Avignon, reconnu seulement par la France et ses alliés. En 1409, le Concile de Pise, qui tente de mettre fin au schisme, n'aboutit qu'à élire un troisième pontife. La crise prend fin en 1417 avec l'élection de Martin V, mais son retentissement a été considérable d'autant plus que les Pères conciliaires s'en prennent à la suprématie du magistère pontifical jusqu'au milieu du xve siècle. Elle aboutit dès la « soustraction d'obédience » de 1398 à la première expérience gallicane : le Parlement connaît désormais des appels au Saint-Siège et le roi met la main sur les bénéfices ecclésiastiques. Voilà l'Eglise menacée de n'être plus qu'une administration parmi d'autres.

D'ailleurs — et c'est là le plus grave — elle porte en elle-même le germe de cette redoutable évolution. Aux conciles, les universitaires font la loi, non les pasteurs ; les prélats, même les plus vertueux, étudient plus volontiers le droit canon que l'Evangile. Quant aux curés, aussi dévoués soient-ils, ils manquent de toute formation sérieuse et se contentent de faire la morale à leurs ouailles plutôt que de les instruire dans leur religion. Dans ces conditions, il ne faut pas se faire d'illusions sur la vigueur de la foi à la fin du Moyen Age, ce n'est souvent qu'un « christianisme-estampille implanté de longue date mais qui ne conduit la plupart qu'à une religion anémique » (J. Toussaert). Tous sont baptisés et soucieux de quitter cette terre avec la bénédiction du prêtre mais « la religiosité vive s'allie à l'irrévérence presque totale aux sacrements durant le reste de l'existence ; la vie quotidienne, toute imprégnée pourtant de l'influence de l'Eglise, se déroule souvent en marge des règles chrétiennes ».

Dans l'ensemble le clergé s'avère donc incapable de guider ou de rassurer les fidèles. Aussi, la plupart d'entre eux renonçant à atteindre un Dieu dont on ne leur expose pas les mystères, préfèrent se confier à des intermédiaires : le culte des saints, plus encore celui de la Vierge, connaissent un essor considérable. Chez les simples, une atmosphère de légendes de plus en plus dense menace d'étouffer le christianisme. De toute façon, les croyances, faute de culture religieuse, deviennent plus sentimentales qu'intellectuelles. Ainsi, le mystère de l'Incarnation se résout dans la tendresse de la Nativité ; de même, on s'attache plus à la description des souffrances du Christ qu'au sens profond de la Passion. Ce thème de la souffrance qui est exploité le plus fréquemment contribue à donner à la religion un caractère tragique. Faute de cadres suffisamment solides, la religion devient également plus personnelle, c'est sans doute pourquoi la mort est un sujet de méditation si fréquent, il ne faut pas y voir une obsession, plutôt un moyen efficace pour se défendre du péché. Tout cela se conjugue pour expliquer que les âmes pieuses s'adonnent de préférence au mysticisme. Aux excentricités des Flagellants de Flandre et de Lorraine s'opposent la mystique savante mais entachée de panthéisme du Strasbourgeois Jean Tauler ou celle plus intellectuelle d'un Pierre d'Ailly ou d'un Jean Gerson longtemps considéré à tort comme l'auteur de l'*Imitation de Jésus-Christ*. Les déviations, enfin, ne sont pas rares, Gilles de Rais en est l'exemple le plus fameux, mais partout apparaissent des sorciers et surtout des sorcières ; pour mieux les traquer, on rédige des manuels de « démonologie ». Aux égarements des uns répond le fanatisme des autres : en 1459, les bûchers s'allument à Arras en si grand nombre que le roi doit intervenir.

IV. — L'art et la pensée

1. La vie de l'esprit. — En dépit des apparences, le monde universitaire est en proie à de graves difficultés. Certes, les maîtres jouent un rôle prépondérant lors des conciles ; leur autorité gagne même le domaine politique : en 1413, ils inspirent largement les auteurs de l' « ordonnance cabochienne ». Certes, les universités se multiplient : aux premières fondations de Paris, Montpellier et Toulouse s'ajoutent une douzaine de créations nouvelles depuis Grenoble en 1339 jusqu'à Nantes en 1460. Cette activité et cette prolifération ne doivent pas faire illusion.

L'Université de Paris, au centre de la zone majeure de dévastations, manque bientôt de ressources car les prébendes dont elle vit ne lui rapportent plus rien, elle en cherche de nouvelles dans la « collaboration » d'abord avec le parti bourguignon puis avec l'occupant anglais : elle n'en tire ni prestige ni gloire. C'est aussi la politique qui préside souvent à la naissance des autres universités : les rois d'Angleterre fondent celle de Caen en 1437 et celle de Bordeaux en 1441 pour empêcher leurs sujets gascons ou normands d'aller faire leurs études à Paris ou à Toulouse. La plupart ont seulement pour origine le souci de prestige des princes qui les créent : le futur Louis XI retiré en Dauphiné fonde de sa propre autorité l'Université de Valence pour bien marquer son indépendance à l'égard de son père qu'il déteste. Beaucoup demeurent incomplètes : Angers ne reçoit sa Faculté de Théologie qu'en 1432. Certaines disparaissent comme Cahors absorbée par Toulouse ou végètent comme Grenoble devant la concurrence de Valence. Aucune ne connaît un rayonnement international. La belle indépendance de naguère n'est plus :

toutes cherchent à plaire au prince pour en obtenir des pensions ; Louis XI ne se prive pas de rudoyer les maîtres parisiens qui viennent solliciter des prébendes.

L'enseignement prestigieux du XIIIe siècle également n'est plus qu'un souvenir qui pèse lourdement et paralyse les initiatives. Dans l'ensemble, on sombre dans la routine. Il n'y a plus de grands maîtres, on se contente d'étudier ceux du XIIIe siècle, pas toujours les meilleurs. La scolastique, auparavant simple moyen de connaissance, devient un but en soi. Purement formel, pédant et aride, l'enseignement mérite déjà les critiques que lui adressera Rabelais. Toutefois, le voisinage de la Cour pontificale d'Avignon, l'alliance avec Milan favorisent la naissance d'un premier humanisme à l'époque de Charles V : celui-ci confie à Nicolas Oresme le soin de traduire les œuvres d'Aristote. Quelques-uns se passionnent pour les auteurs antiques : Nicolas de Clamanges, Jean de Montreuil, mais cela n'aboutit pas à un renouvellement, car pour la plupart l'Antiquité n'est encore qu'un magasin destiné à ravitailler en pensées toutes faites les vaines spéculations de la scolastique.

Les grands genres littéraires du siècle précédent connaissent le déclin : si on lit encore beaucoup Jean de Meung, qu'attaquent Christine de Pisan et Jean Gerson, on n'écrit plus ni romans ni fabliaux. Les poètes brillent plus par leur nombre ou leur haute naissance que par la qualité de leurs œuvres. Tous les grands seigneurs s'exercent à rimer, seules ont survécu les œuvres de Charles d'Orléans et du roi René d'Anjou ; à côté d'eux, la cohorte des poètes de cour qui, après Guillaume de Machaut et Eustache Deschamps, n'ont pas grand-chose à dire et qui compensent l'indigence du fond par la complexité de la forme. Une exception — de taille : Villon. L'époque est suffisamment agitée pour inspirer les chroniqueurs : « reporters » friands de beaux coups d'épée comme Froissart, historiographes officiels comme Chastellain ou simples témoins de leur temps comme « le bourgeois de Paris ».

A côté de cette littérature essentiellement aristocratique, apparaît un genre nouveau qui connaît un grand succès auprès des foules urbaines : le théâtre. Des nombreuses comédies, il ne reste guère que *La farce de Maître Pathelin*. En revanche, le théâtre religieux avec ses « Miracles » et ses « Mystères » nous a laissé de nombreuses œuvres souvent très longues. Au milieu d'une mise en scène spectaculaire, le comique y côtoie le tragique et le divin y voisine avec l'humain. Nul doute que leur succès ait contribué à accroître l'aspect émotionnel de la religion.

2. La vie artistique. — L'activité artistique demeure considérable encore qu'elle se transforme elle aussi. Guère de grands chantiers : la main-d'œuvre, devenue rare, est employée plus à élever des murailles qu'à édifier des cathédrales. Les moyens sont limités, et puis à quoi bon construire ce qui serait la proie du prochain pillage ? On se contente, sauf exceptions (abbayes de La Chaise-Dieu et de la Trinité de Vendôme), de terminer les chantiers de l'époque précédente (cathédrales d'Albi, d'Auxerre, de Sens, de Tours, de Rouen). Le gothique rayonnant, sévère et équilibré, se maintient pendant tout le XIVe siècle (Saint-Ouen de Rouen). Au XVe siècle, la maîtrise des architectes est à son comble mais leur virtuosité est masquée par l'exubérance de la décoration : les voûtes se subdivisent à l'infini, gâbles et pinacles montent à l'assaut des tours pendant que les contre-courbes, semblables à des flammes, du remplage des baies valent à ce gothique le surnom de « flamboyant ». Le pathétique des thèmes de la décoration reflète fidèlement le désarroi des foules : le thème le plus célèbre est celui de la danse macabre (La Chaise-Dieu, Kermaria), mais on rencontre aussi des « Pietas » où la Vierge tient le Christ mort sur ses genoux (Villeneuve-lès-Avignon), ou des mises au tombeau dramatiques.

Toutefois les merveilles de l'art ne sont plus le monopole des sanctuaires. L'art se réfugie plutôt dans les cours princières qui se multiplient et dont le luxe contraste avec la misère générale ; le développement d'un véritable mécénat laïque est l'un des faits essentiels de cette époque. Le plus éclairé et le plus fastueux des mécènes est sans doute le duc Charles de Berry, constructeur infatigable et collectionneur insatiable, mais déjà son frère, Charles V « le Sage » avait rassemblé une bibliothèque aussi précieuse qu'éclectique et des œuvres d'art qui furent à l'origine des collections royales. Rois et princes bâtissent des châteaux, palais fortifiés encore austères comme Vincennes, Pierrefonds, Loches ou le Palais des Papes d'Avignon. Ils élèvent aussi des résidences où tout est fonction de l'agrément : il ne reste rien de l'hôtel Saint-Paul où Charles V entretenait parmi les jardins une ménagerie et des volières, mais l'on connaît l'hôtel de Jacques Cœur à Bourges et la résidence des abbés de Cluny à Paris. Pour orner les uns et les autres, les grands recherchent de préférence, à un moment où les cours sont nomades, les objets faciles à transporter, d'où une profusion de pièces d'orfèvrerie, de tapisseries, de manuscrits richement enluminés, de tableaux enfin où peut s'exercer au mieux le goût de luxe et de raffinement qui est l'un des paradoxes de cette époque brutale. Art raffiné, mais aussi réaliste, voire minutieux. Art laïcisé bien sûr même lorsque les sujets sont religieux : l'effigie du donateur, jusqu'alors reléguée au second plan, grandit pour finir par participer à la scène, même s'il s'agit d'une Nativité. Cela explique l'essor de l'art du portrait : Jean le Bon est le premier roi dont on ait une image qui ne soit pas conventionnelle.

Au XIVe siècle, les centres artistiques sont aussi nombreux que les cours : Paris, Angers, Aix, Dijon, Avignon rivalisent. Au XVe siècle, en revanche, la Cour bourguignonne est de loin la plus brillante, c'est elle qui donne le ton ; dès le début du siècle, on voit son art vigoureux s'exprimer à Dijon où Claus Sluter sculpte son *Puits de Moïse*, c'est de là que s'exerce d'abord l'influence flamande comme Avignon avait été le centre de rayonnement de l'influence italienne.

Par conséquent, la grande crise des XIVe et XVe siècles fut loin de se traduire par une stérilité de la vie de l'esprit ; au contraire, elle a donné droit de cité au sentiment et à l'émotion sans négliger pour autant le réalisme.

V. — Le renouveau de la fin du XVe siècle

Dans la seconde moitié du xve siècle, la France sort enfin de la longue période de difficultés qu'elle connaissait depuis l'aube du xive siècle. Elle fait alors le bilan de ce qu'elle a perdu, mais aussi de ce qu'elle a acquis pendant ce siècle et demi. Peu à peu un monde nouveau s'organise avec une rapidité qui varie selon les domaines et les régions. C'est l'autorité royale qui renaît le plus rapidement, dès les premières victoires. L'économie ne retrouve son équilibre dans ses cadres traditionnels que dans le dernier quart du siècle au moment où l'art et la pensée annoncent timidement la Renaissance.

1. Les progrès de la monarchie. — Charles VII est loin d'être un génie mais il a eu le mérite de donner à la monarchie ses bases modernes. C'est à la guerre qu'il les doit. Les défaites l'ont obligé à fuir Paris : il installe alors la Cour sur les rives de la Loire, elle y restera autant que dureront les Valois. Après l'épopée de Jeanne d'Arc qui fait du dauphin le souverain légitime à la suite du sacre de Reims, Charles VII reconquiert son royaume. Reconquête lente d'abord, il faut attendre 1436 et la réconciliation avec les Bourguignons pour reprendre Paris ; après l'échec des trêves de 1444, le mouvement s'accélère, favorisé par les difficultés qui guettent la monarchie anglaise : la Normandie tombe en 1450, la Guyenne trois ans plus tard. Le roi est désormais auréolé du prestige de la victoire. Pour vaincre plus sûrement, il dote la France d'une armée régulière : les « compagnies d'ordonnance » dont l'organisation met fin aux excès des mercenaires sans emploi.

Pour payer tout cela, le roi a besoin d'argent et

de plus en plus. Pourtant, il s'arrange pour diminuer peu à peu le rôle des Etats qui lui votent les subsides.

Après 1439, il ne réunit plus les Etats de Languedoïl qui représentent la plus grande partie du royaume. Seuls subsistent les Etats de Languedoc ; à cette exception près, l'impôt cesse d'être consenti. A partir de 1440, le montant de la taille est fixé par le Conseil du roi, « taille des gens de guerre », elle devient sans opposition la « taille du roi » lorsque les hostilités ont cessé. Les aides réorganisées en 1436, s'ajoutent à la gabelle. La perception des impôts, — sauf dans les grands fiefs qui conservent leurs institutions particulières et leurs assemblées d'Etats — se fait dans le cadre de quatre grandes généralités et les conflits auxquels ils donnent lieu sont jugés en appel devant la Cour des Aides. Si nous ajoutons à cela que le fardeau fiscal varie beaucoup selon les régions et les conditions sociales, nous aurons tracé un tableau qui ne changera guère durant tout l'Ancien Régime.

Dans le domaine judiciaire, le Parlement de Paris, longtemps compromis avec le parti bourguignon retrouve lentement son ancienne autorité, mais dans le Midi, celle-ci passe aux cours nouvelles de Toulouse et de Grenoble.

Le roi soumet en outre l'Eglise à son autorité. Clergé et Université, pour se soustraire à l'autorité romaine jugée trop pesante, avaient développé les théories gallicanes. Charles VII les entérine en 1438, malgré l'opposition du Saint-Siège, par la Pragmatique Sanction de Bourges. Désormais isolée, l'Eglise de France est sous la tutelle étroite de la monarchie qui, écartant toute idée de réforme profonde, se contente de disposer à son gré des bénéfices tout en s'efforçant de réduire les privilèges du clergé.

Avec Louis XI, l'autorité du souverain fait des progrès décisifs, non seulement sur le domaine royal mais encore aux dépens des princes. C'est vraiment le premier de nos rois absolus.

117

Il s'entoure de qui il veut : des étrangers, Italiens déjà comme Boffille de Juge, les meilleurs serviteurs de ses ennemis qu'il débauche tel Commynes, surtout des gens de modeste origine, compétents, mais souvent tarés comme Olivier Le Daim. S'il réunit les Etats en 1468, c'est uniquement pour qu'ils cautionnent sa politique. Il augmente à son gré la taille dont le montant passe de un million de livres en 1461 à 4 600 000 en 1481. Il traite l'Eglise avec sans-gêne, abroge ou rétablit la Pragmatique Sanction suivant les fluctuations de sa politique. Toute opposition d'où qu'elle vienne est impitoyablement brisée : le roi évoque devant son Conseil toutes les causes que le Parlement risquerait de juger avec trop de mansuétude.

Les princes s'efforcent de résister à cette autorité de plus en plus envahissante. Ils mettent d'abord à leur tête le frère du roi — ceci aussi durera autant que l'Ancien Régime — mais c'est un incapable ; en outre, Louis XI qui change sans cesse son apanage, le Berry, puis la Normandie, puis la Guyenne, ne lui laisse pas le temps de s'entourer d'un véritable parti nobiliaire.

Le duc de Bourgogne est autrement dangereux surtout lorsque Charles le Téméraire, qui a déjà prouvé ses ambitions lors de la guerre du Bien public (1465), succède à son père en 1467. Alors commence une longue lutte de dix années, marquée pour Louis XI par des revers (entrevue de Péronne, 1468) qu'il essaie de compenser par une diplomatie de plus en plus compliquée qui finit par intéresser l'Europe entière. Lorsque le « grand duc d'Occident » meurt sous les murs de Nancy en 1477, le roi croit pouvoir s'emparer de son héritage : il occupe toute la Bourgogne, la Franche-Comté, l'Artois mais échoue en Flandre. Cette dernière province qui se distinguait depuis longtemps en fait du reste du royaume s'en séparera en droit en 1529. Louis XI laisse s'y établir les Habsbourg, préparant par là plus de deux siècles de conflits. En revanche, il arrache le Roussillon à l'Aragon en 1475. Après la mort de René d'Anjou, les duchés d'Anjou et de

Bar viennent grossir le domaine royal en 1480, la Provence en 1481. Dans l'héritage angevin, il y a aussi les prétentions sur le royaume de Naples... A la suite d'intrigues princières malheureuses, le duché d'Alençon et le comté d'Armagnac sont également supprimés.

La minorité de Charles VIII n'est marquée par aucun affaiblissement de l'autorité royale. Grâce aux Beaujeu, celle-ci n'est ébranlée ni par les Etats généraux de 1484 (les premiers à porter ce nom), ni par la « guerre folle » de 1485. Le mariage de Charles VIII avec Anne, héritière de Bretagne, met fin à l'indépendance du dernier grand fief. Désormais, à l'exception des fiefs des Bourbons, le domaine royal et le royaume sont pratiquement confondus. Aussi le roi n'a-t-il plus affaire à des vassaux mais à des sujets. La résurrection éclatante de la notion d'Etat est sans doute le progrès le plus spectaculaire accompli à cette époque dans le domaine politique.

A la veille de s'engager dans l'aventure italienne, le royaume de France, le plus puissant d'Europe, connaît un rare état d'équilibre.

2. L'économie et la société. — La date de 1492, qui met un terme commode à l'histoire politique du Moyen Age, n'a guère de signification pour l'histoire économique et sociale. Le terme est d'autant plus difficile à marquer que l'économie ne sort que très lentement de la crise qui la frappe depuis 1300. La persistance de la guerre et des troubles ne suffit pas à expliquer cette lenteur. Certes, le commerce rouennais ne reprend vraiment qu'après la trêve de Picquigny qui, en 1475, met pratiquement fin à la guerre avec l'Angleterre ; mais à l'intérieur, la plaine du Neubourg ne retrouve une

certaine prospérité qu'à la même époque, or, elle jouit de la paix depuis 1450. Ce renouveau coïncide en fait avec le renversement de la conjoncture qui intéresse l'ensemble de l'Europe dans le dernier quart du xvᵉ siècle.

Il faut d'abord remettre les campagnes en état. En attendant qu'une vigoureuse reprise démographique vienne combler les vides après 1480, on recherche partout de la main-d'œuvre. La Bretagne, épargnée par la guerre du xvᵉ siècle, fournit des colons à l'Ile-de-France et à l'Aquitaine. Des Allemands, des Italiens s'installent dans la vallée du Rhône. Les paysans en profitent pour obtenir des baux à très long terme ou des cens réduits ; mais souvent ils manquent de matériel et doivent se contenter de contrats de métayage qui leur seront plus tard défavorables. Les nouveaux maîtres, souvent bourgeois, sont rompus aux affaires ; les paysans ne peuvent plus compter sur l'appui de la communauté villageoise disloquée par les troubles. Aussi, sous des formes innombrables, l'émancipation paysanne s'accompagne-t-elle bientôt d'une réaction seigneuriale. Avec la paix retrouvée, l'industrie gagne de plus en plus les campagnes. Dans le Berry, en Champagne, en Dauphiné, les forges se multiplient, le travail du papier apparaît dans la région de Toulouse, la verrerie en Normandie. L'industrie textile se répand partout : le lin en Bourgogne, le chanvre en Bretagne, le drap en Champagne, en Languedoc, en Berry, dans les campagnes flamandes. Tout cela multiplie les échanges et ouvre davantage le monde rural à l'économie monétaire. Les villes n'en connaissent pas le déclin pour autant ; bien sûr, les métiers paralysés par leurs règlements étroits ont du mal à s'adapter, mais les marchands qui contrôlent l'industrie rurale bénéficient de la multiplication des courants d'échange qui parcourent les campagnes. Plus que jamais les villes sont des centres commerciaux, mais l'essor de l'autorité royale en fait aussi des centres administratifs : Toulouse doit la prospérité autant à son Parlement qu'au commerce du pastel.

Pourtant, la France n'est plus irriguée par le grand commerce international qui continue de suivre les routes nouvelles créées au xivᵉ siècle. A cela s'ajoutent les problèmes dus au manque de numéraire et à la naissance du nationalisme économique qui sonne le glas du capitalisme cosmopolite italien.

Le cas de Jacques Cœur illustre parfaitement ces difficultés. A partir de 1440, il tente de faire revivre l'isthme français de la Méditerranée à la Manche et essaie de mettre fin au monopole italien du commerce des épices en se fournissant lui-même au Levant. Mais il manque de numéraire : on le voit exploiter sans grand succès des mines d'argent dans le Lyonnais. En revanche, il bénéficie de l'appui du roi qui fonde des foires à Lyon et surtout prend les premières mesures protectionnistes : en 1450, les épices amenées par les intermédiaires étrangers sont taxées. Si, en dépit de sa disgrâce finale, Jacques Cœur apparaît comme le premier marchand français des temps modernes, son attitude est pourtant bien traditionnelle.

Louis XI passe pour avoir pratiqué une véritable politique économique; en fait, il a poursuivi des buts plus politiques qu'économiques. S'il renouvelle les privilèges des foires de Lyon, c'est pour ruiner celles de Genève alliée de la Savoie, son ennemie, et pour fournir aux Suisses du sel atlantique afin de nuire aux salines du duc de Bourgogne, son adversaire. Pour assurer à sa politique les moyens financiers dont elle a besoin, le roi veille surtout à ne pas diminuer le stock de métal précieux du royaume (en 1464, il renforce la Pragmatique Sanction sous prétexte d'empêcher les transferts d'or vers Rome). Il est amené à reprendre les projets de Jacques Cœur vers le Levant. Le successeur de ce dernier reçoit le monopole du commerce des épices en France ; en 1466, les épices fournies par les marchands étrangers sont prohibées, mesure prématurée et sans lendemain. C'est le même souci protectionniste qui l'amène à créer une industrie de la soie à Lyon en 1467 puis à Tours et à stimuler l'exploitation des mines par son ordonnance de 1471. Cette politique par son allure mercantiliste prend donc des dimensions nouvelles encore qu'elle s'insère parfaitement dans l'essor du nationalisme que connaît alors l'Europe ; en revanche, tournée vers la Méditerranée, elle veut simplement retrouver les anciens courants d'échanges. Ni Charles VII, ni Louis XI n'ont soupçonné l'intérêt des nouvelles routes de l'Atlantique. Celles-ci faisaient déjà la prospérité de ports comme Saint-Jean-de-Luz, Bordeaux, Nantes, Saint-Malo, Rouen ou Dieppe et dès le début du xve siècle des Normands avaient fait un essai de colonisation aux Canaries. Louis XI envoie bien une expédition aux îles du Cap-Vert, c'est seulement pour en ramener du sang de tortue dans l'espoir de soulager ses maladies... Mais au lendemain de la guerre de Cent ans, la France pouvait-elle se risquer à autre chose qu'à une prudente politique de convalescence ?

3. **La vie spirituelle et artistique.** — Là, il est bien difficile de parler de reconstruction ou de renouvellement, tant les deux courants se mêlent. La réforme de l'Eglise dont on avait tant parlé lors de l'élaboration de la Pragmatique Sanction est peu à peu passée sous silence après la dissolution du Concile de Bâle en 1449. Le gallicanisme, qui devait assurer à l'Eglise de France le respect de ses privilèges, aboutit en fait à l'asservir à la monarchie. Louis XI préfère les prélats dociles aux pasteurs vertueux. Le clergé lui-même s'applique plus à reconstituer ses domaines temporels qu'à rétablir son autorité spirituelle. Pourtant quelques grands ordres monastiques s'efforcent de retrouver l'esprit de leur règle tels Cluny ou Chezal-Benoit ; ce n'est pas toujours sans mal : Marie de Bretagne, abbesse de Fontevrault en 1458, se heurte à une véritable révolte des religieux lorsqu'elle entreprend de res-

taurer la discipline. De toute façon, le clergé régulier ne pouvait satisfaire les aspirations de la foule entière des fidèles. La dévotion de plus en plus mystique et personnelle s'accommode de moins en moins d'une Eglise officielle qui impose à tous ses dogmes sans chercher à en instruire vraiment les fidèles.

Il en va de même pour l'Université. La réforme promulguée à Paris en 1458 par le cardinal d'Estouteville n'est qu'un règlement administratif qui ne modifie en rien ni ce qu'on enseigne, ni la façon d'enseigner. Pourtant, ce sont deux maîtres de la Sorbonne, Jean Heynlin et Guillaume Fichet, qui appellent à Paris en 1469-1470 les premiers imprimeurs. À la fin du siècle, il y aurait eu à Lyon une cinquantaine d'imprimeurs. Cette technique nouvelle, qui cherche encore à donner à ses œuvres l'allure de la calligraphie des manuscrits, est bien accueillie : personne ne se rend compte du bouleversement qu'elle va apporter aux façons d'enseigner, de croire et de penser. Comme au temps de Charles V apparaissent des lettrés qui ne se contentent pas de recopier aveuglément des copies d'auteurs anciens mais s'appliquent à les restituer dans toute leur pureté, les plus célèbres sont Guillaume Fichet et Robert Gaguin ; ils demeurent peu nombreux et leur culture purement latine ignore la littérature hellénique, leur audience ne dépasse pas les cénacles où ils se réunissent. Au contraire, depuis la Cour de Bourgogne, les « Grands Rhétoriqueurs » comme Molinet ou Chastellain connaissent un énorme succès ; eux aussi recherchent la perfection de la forme mais ils la confondent avec l'acrobatie du style, condamnant ainsi leur école à la stérilité. L'histoire, traitée avec partialité par Thomas Basin, évêque gallican et féodal, se hausse à la philosophie politique lorsque Commynes commence en 1489 à rédiger ses *Mémoires*.

La vie artistique est favorisée par la reconstruction de nombreux monuments. Le gothique flamboyant triomphe dans les édifices religieux, ses chefs-d'œuvre sont Saint-Jean de Caen, Saint-Maclou de Rouen et Saint-Wulfran d'Abbeville ; ailleurs, on se contente d'achever une façade comme à la Trinité de Vendôme ou d'élever un porche comme à Sainte-Cécile d'Albi. On ne peut parler de décadence du gothique, c'est un art vigoureux qui aboutit à la naissance de véritables écoles régionales comme en Bretagne et dont la vogue durera jusqu'au XVIIᵉ siècle.

Fécondité aussi de l'architecture civile qui joue un rôle de plus en plus grand, on lui doit des ponts, des hospices (Beaune), surtout des châteaux. L'art purement militaire se consacre aux murailles urbaines, les véritables forteresses seigneuriales sont rares (Ham, Bonaguil). Désormais, l'enceinte des châteaux d'allure traditionnelle et sévère — encore que créneaux et machicoulis deviennent des éléments ornementaux — s'oppose aux cours intérieures où tout est sacrifié à l'agréable ; déjà, on commence les premiers « châteaux de la Loire » Chaumont et Amboise...

Les arts plastiques n'ignorent pas les influences italiennes mais ils les ont si parfaitement assimilées que leur originalité ne s'en ressent pas, même chez les peintres provençaux de la cour aixoise de René d'Anjou (Nicolas Froment). L'école de la Loire qui a déjà produit Jean Fouquet donne avec le sculpteur Michel Colombe des œuvres harmonieuses et calmes. Leurs œuvres sont éclipsées par l'activité exubérante de l'école bourguignonne mais celle-ci est de moins en moins bourguignonne et de plus en plus flamande : les Van Eyck, les Van der Weyden donnent naissance à un art nouveau qui sera celui des Pays-Bas, non celui de la France.

CONCLUSION

En 1494, Charles VIII passait les Alpes après avoir cédé à ses voisins, pour acheter leur neutralité, le Roussillon et la Cerdagne, l'Artois et la Franche-Comté ; c'était le début des guerres d'Italie, l'aube des Temps modernes. La Renaissance et l'époque classique mépriseront désormais cette période que nous venons de parcourir. A leurs yeux, elle n'aura été qu'une sorte d'entracte, d'où l'appellation péjorative de « Moyen Age ». De nos jours, le Moyen Age est au contraire devenu l'objet d'une faveur parfois excessive : il n'est guère de ville qui ne se dise « cité médiévale », recette infaillible pour attirer le touriste.

Ne condamnons pas le Moyen Age, ne le regrettons pas non plus. Les merveilles de l'art roman ou gothique ne doivent pas nous faire oublier combien la vie quotidienne était rude et précaire.

Le Moyen Age nous intéresse dans la mesure où il nous permet de voir comment l'homme — notre aïeul, qui vivait sur le sol où nous vivons — a travaillé, souffert et pensé, quels liens l'ont uni à ses semblables, à quels pouvoirs il a été soumis pour que la Gaule romaine devienne peu à peu la France moderne. Cette étude, il faut toujours l'aborder avec sympathie car, sans que nous nous en rendions toujours bien compte, c'est cet aïeul qui a façonné pour nous les grands traits de nos campagnes, le plan du cœur de nos villes, l'essentiel de notre langue, une grande partie de nos institutions et de nos façons de penser. En définitive, nous lui devons beaucoup de ce que nous sommes.

expos. sur Bernard de Clairvaux
(qui a fondé l'abbé cistercien à Clairvaux
et qui est considéré comme un des
fondateurs de l'ordre cistercien).

- goblette en bois (lourde!) de la fin du 12e
  et lanterne en bois

- crosse en ivoire avec mise en abîme (un saint
  tenant une crosse)

- "filigriés" partout - carreaux de terre cuite,
  vitraux (sans couleur) qui fait penser
  à Escher! - dans grilles de fer, etc.
  - surtout celui de la fin du 12e. (ou 13e?)

- tableaux présentant la légende de la
  lactation de St. Bernard. Incroyable!
  C'est seulement au 16e s. que cette vision
  est dépeinte comme un rêve. Avant ça,
  on voit la Vierge qui nourrit le saint avec
  ~~le lait~~ un jet du lait de son sein!

- Ces autres légendes:
  - Il a "excommunié" des mouches! (parce qu'ils
    dérangeaient le baptême d'une église)
  - Il a guéri une femme immobilisée.
  - (Il a demandé à Th. de Champagne de
    pardonner qq. qui allait être pendu)
  - Il a tenu un démon

- Culte de la Vierge - puissant

BIBLIOGRAPHIE

Le remarquable mais imposant tome I de l'*Histoire de la France*, Larousse (1970), est également disponible en format de poche, sans l'illustration (1983). Pour le détail des événements, il faut toujours se reporter à l'*Histoire de France depuis les origines jusqu'à la Révolution* publiée au début du siècle sous la direction d'E. LAVISSE (t. II, III et IV, 1901-1902). Le tome I de l'*Histoire de la civilisation française* de G. DUBY et R. MANDROU (collection « U », 1968, offre une excellente synthèse dans les chapitres consacrés à cette période. Le point le plus récent et le plus précis, établi selon un classement par thèmes, a été fait dans *La France médiévale* sous la direction de J. FAVIER (1983).

De nombreux ouvrages de synthèse permettent de replacer l'histoire de la France dans l'évolution d'ensemble du monde médiéval. Citons parmi eux le tome III de l'*Histoire générale des civilisations* dû à E. PERROY, J. AUBOYER, C. CAHEN, G. DUBY et M. MOLLAT (1980), *La naissance de l'Europe* de R. LOPEZ (1962), *La civilisation de l'Occident médiéval* de J. LE GOFF (1964) et le *Précis d'histoire du Moyen Age* de J. HEERS (1983). Pour la fin du Moyen Age, ne pas négliger J. HUIZINGA, *L'automne du Moyen Age* (1974).

Les lecteurs qui s'intéressent à l'histoire sociale, après le maître-livre de Marc BLOCH, *La société féodale* (5e éd., 1968), pourront consulter G. DUBY, *L'économie rurale et la vie des campagnes dans l'Occident médiéval* (2 vol., 1962), R. BOUTRUCHE, *Seigneurie et féodalité* (2 vol., 1968-1970), les pages rédigées par G. FOURQUIN et E. LE ROY-LADURIE dans *Histoire de la France rurale*, sous la direction de G. DUBY et A. WALLON (t. I et II, 1975) et le t. II de l'*Histoire de la France urbaine* (1980) dû à A. CHÉDEVILLE, J. LE GOFF et J. ROSSIAUD.

L'histoire des institutions, étroitement reliée à l'évolution de la société, a été retracée par J.-F. LEMARIGNIER, *La France médiévale, institutions et société* (collection « U », 1970).

L'art d'Occident, le Moyen Age roman et gothique, d'H. FOCILLON rééd., 1983) sera plus qu'une introduction aux innombrables monographies régionales ou aux collections comme celle du « Zodiaque » consacrée à l'art roman. Pour les lettres, voir P. ZUMTHOR, *Histoire littéraire de la France médiévale* (1954).

Ceux qui sont curieux des mœurs et des coutumes liront avec plaisir et profit P. RICHÉ, *La vie quotidienne dans l'empire carolingien* (1973), E. FARAL, *La vie quotidienne au temps de Saint Louis* (1942), et Ph. CONTAMINE, *La vie quotidienne pendant la guerre de Cent ans* (1976).

Enfin, de nombreuses thèses de doctorat offrent à la fois d'excellents exemples de méthode historique et une étude très approfondie d'une époque ou d'une région ; citons parmi les plus récentes et dans les domaines les plus variés : R. FOSSIER, *La terre et les hommes en Picardie jusqu'à la fin du XIIIe siècle* (2 vol., 1968), Ph. CONTAMINE, *Guerre, État et Société à la fin du Moyen Age* (1972), A. CHÉDEVILLE, *Chartres et ses campagnes (XIe-XIIIe s.)* (1973), P. BONNASSIE, *La Catalogne du milieu du Xe à la fin du XIe siècle* (2 vol., 1975), B. CHEVALIER, *Tours, ville royale (1356-1520)* (1975), P. BOIS, *Crise du féodalisme, Economie rurale et démographie en Normandie orientale du début du XIVe siècle au milieu du XVIe siècle* (1976), M. ROUCHE, *L'Aquitaine, des Wisigoths aux Arabes (418-781) : naissance d'une région* (1979), M. LE MENÉ, *Les campagnes angevines à la fin du Moyen Age (1350-1530)* (1982), etc.

127

TABLE DES MATIÈRES

Imprimé en France
Imprimerie des Presses Universitaires de France
73, avenue Ronsard, 41100 Vendôme
Avril 1988 — N° 33 207